T0113926

Un Rayo

de

Esperanza /

A Ray of

Hope

Mia

WESTBOW
PRESS®
A DIVISION OF THOMAS NELSON
& ZONDERVAN

Copyright © 2020 Mia.

All rights reserved. No part of this book may be used or reproduced by
any means, graphic, electronic, or mechanical, including photocopying,
recording, taping or by any information storage retrieval system
without the written permission of the author except in the case of
brief quotations embodied in critical articles and reviews.

This book is a work of non-fiction. Unless otherwise noted, the author
and the publisher make no explicit guarantees as to the accuracy of
the information contained in this book and in some cases, names of
people and places have been altered to protect their privacy.

WestBow Press books may be ordered through booksellers or by contacting:

WestBow Press
A Division of Thomas Nelson & Zondervan
1663 Liberty Drive
Bloomington, IN 47403
www.westbowpress.com
844-714-3454

Because of the dynamic nature of the Internet, any web addresses or
links contained in this book may have changed since publication and
may no longer be valid. The views expressed in this work are solely those
of the author and do not necessarily reflect the views of the publisher,
and the publisher hereby disclaims any responsibility for them.

Any people depicted in stock imagery provided by Getty Images are models,
and such images are being used for illustrative purposes only.
Certain stock imagery © Getty Images.

El texto Bíblico ha sido tomado de la versión Reina-Valera © 1960 Sociedades
Bíblicas en América Latina; © renovado 1988 Sociedades Bíblicas Unidas.
Utilizado con permiso. Reina-Valera 1960™ es una marca registrada de
la American Bible Society, y puede ser usada solamente bajo licencia.

Unless marked otherwise, all Scripture quotations are taken from the Holy
Bible, New International Version®, NIV® Copyright © 1973, 1978, 1984,
2011 by Biblica, Inc.® Used by permission. All rights reserved worldwide.

Scripture quotations marked NKJV are taken from The New King James Version®.
Copyright © 1982 by Thomas Nelson. Used by permission. All rights reserved.

ISBN: 978-1-6642-1458-3 (sc)
ISBN: 978-1-6642-1457-6 (e)

Print information available on the last page.

WestBow Press rev. date: 11/30/2020

Le doy las gracias a Dios por haberme ayudado a escribir este libro. También a mi otra mitad, hijos, amigos, y familiares que me apoyaron.

Really must thank God for helping me write this book. Also, thanks to my other half, children, close friends, and family that were there to encourage me.

Contents

Introducción

El propósito de mi tesis es para informar sobre prácticas de consejería cristiana, esto es para ayudar a mostrar a muchas personas que con simple prácticas cristianas dadas, por la biblia se puede obtener éxito consigo mismo y con los demás.

Por esto, mis amados hermanos, todo hombre sea pronto para oír, tardo para hablar, tardo para airarse; porque la ira del hombre no obra la justicia de Dios (Santiago 1:19-20 Reina Valera 1960).

También la Biblia nos habla de cómo aconsejar. Proverbios 14 dice de cómo la mujer sabia edifica la casa. Podemos ver que hace años, ya teníamos dirección de cómo hacer las cosas de acuerdo con la Biblia, la Palabra de Dios sabemos que a su tiempo Dios restaurara todo en nuestras vidas.

Debemos de renovar nuestra perspectiva de como vemos las cosas, sea económicas o emocionales. En sí, todos hemos caído de la gracia de Dios, todos hemos hecho algo malo, la Palabra nos habla del pecado, también podemos ver como Dios hace milagros sea físicos o espirituales. Muchas veces tenemos una personalidad tan dura o quizás dócil esa actitud sale de adentro hacia fuera, también muchas veces salen actitudes de una forma que hace daño a otras personas.

Toda actitud mala puede cambiar con la ayuda de Nuestro Señor Jesucristo. Las prácticas o fórmulas que la Palabra de Dios nos insta a usar, a memorizar es una receta para el bien de nuestras vidas, que si la usamos para nuestro beneficio nos dará muy buen resultado.

Sabemos que la Palabra nunca cambia y hará lo que dice. La Palabra es buena para exhortar y buena para aconsejar. Todos tenemos faltas, pero muchas veces no las vemos porque nos acostumbrados a ellas. Muchas veces llegamos al extremo y nos cansamos de las injusticias o quizás también nos recordamos de cosas que nos hayan hecho. Esto puede que sea un problema de personalidad o de hábitos adquiridos atreves de la crianza. Los malos comportamiento sean bueno o malo saldrán a la superficie tarde que temprano.

De algún modo u otro cuando alguien nos saca de quicio allí sale la personalidad verdadera o el temperamento que realmente somos. Muchas veces vemos que tenemos mala actitud, pero no hacemos nada por cambiarla. La razón es porque se hicieron parte de uno mismo.

Es importante poner el deseo de cambiar para que Dios ponga en nosotros nuevos principios, esa personalidad que Dios este alegre de nosotros. Tú también puedes cambiar y desear obtener nuevos hábitos porque con Cristo podemos obtenerlas. No nos podemos rendirnos ante cualquier problema de la vida. No estamos solos, con Cristo podemos. Aunque tengamos problemas de actitud, una personalidad imposible o el carácter dañado hecho por alguien, el temperamento puede ser restablecido por la Palabra que transforma. Creo que he sido muy privilegiada al ver sido escogida para ser salva por Jesucristo, sé que Él me cuido aun antes de nacer.

¿Qué es temperamento / carácter o personalidad?

El temperamento es carácter o la forma que somos. La personalidad es aquello que explica, lo que te hace ser lo que tu eres. La personalidad es algo psicológico que tiene actitudes, pensamientos, sentimientos y conductas. Tengo que mencionar ciertos términos o palabras que explicaran mejor este contexto. Debemos de entendemos a nosotros mismos, poder entendernos a nosotros mismos y así poder entender a otros. Primeramente, debemos de ser humilde y aceptar cuando nos corrigen. De acuerdo con la Biblia ahí podremos ser sabios. La verdad es que, si no, nos corrigen lo que este malo, entonces como podemos arreglar lo que este malo dentro del corazón. De por si es difícil corregir los sentimientos, emociones, o hábitos. La Palabra dice que se corrige con amor. Gracias por aquellas personas que han tenido el valor de corregirnos con amor y ensenarnos lo que debemos cambiar, con la ayuda de Dios es posible.

Dentro de la personalidad de una persona podemos encontrar emociones, las cuales se conocen como cogniciones o acciones. Has oído hablar a personas que dicen, hay que conducta tiene tu hijo. Conductas determinan los patrones de comportamiento de una persona. Quiera o no en la personalidad actúa lo biológico de la persona esto es el (temperamento). El temperamento influye una persona. Cuando hablo del carácter me refiero a la personalidad, su temperamento. Primeramente, debemos saber que no se nace con el carácter, pero esto es afectado por el medio ambiente, la cultura y el entorno social donde la persona se forma o viva.

Hablare de los cuatro temperamentos. Esos cuatro temperamentos son 1. Sanguíneo= gente alegre, 2. Colérico, 3. Melancólico=emocionales, sensibles, y 4. Flemático=tranquilo, equilibrado, fácil de tratar. El carácter es tu naturaleza propia que se distingue de los demás. Con tu carácter tu reaccionas de cierta manera a situaciones. Esto sucede de cierta manera de expresión de acuerdo con tu forma de ser. Usualmente describimos a las personas de acuerdo con su carácter, también podemos describir a los animales. Un ejemplo de esto es, un señor llamado, Pedro quien es simpático, alegre e inteligente o que Mia es humilde, triste, y pesimista. Estos adjetivos definen su carácter, su personalidad. Lo maravilloso es que el carácter puede ser transformado por Dios. Jesucristo puede transformar al hombre de adentro hacia fuera. A continuación, veremos varios caracteres de nuestra personalidad que han sido afectados de una manera u otra, que salen a la superficie a través de nuestra actitud con otras personas o con nosotros mismos.

La Personalidad que Dios creo

La Palabra de Dios dice, ^y vestíos del nuevo hombre, creado según Dios en la justicia y santidad de la verdad (Efesios 4:24 RVR 1960). La Palabra dice que Dios creo El Cuerpo, Alma, y espíritu. Dios mira lo de adentro, por eso el ser bonito por fuera es lo de menos. Porque Dios no solo creo el cuerpo, también el alma, y el espíritu. importa a Dios es lo que ro.

Entonces lo espiritual es lo mejor que podemos adoptar. Lo exterior se gasta, pero lo espiritual crese. Si una persona es orgulloso, mal educado, grosero eso nos dice mucho de quien es esa persona. Es importante adoptar virtudes buenas las cuales hablen de un cristiano verdadero. Las virtudes buenas se asemejan a los frutos del espíritu que podemos verlos en la Biblia (Gal. 5:22,23). Los frutos del espíritu se pueden lograr atreves de la oración, la comunión con Dios. Dice la Palabra pedid y os dará, entonces debemos pedir los dones del espíritu porque ellos nos ayudarán a crecer como cristianos maduros.

Podemos ver la persona de Cristo quien demostró ser con personalidad de siervo. Cuando decidimos adoptar una personalidad que a Dios le agrade, así como los frutos del espíritu entonces somos personas felices y nos sentimos llenas por completo. No podemos dar lugar al viejo hombre con malas manas o hábitos, caracteres o personalidad que a Dios no le agrade. Cuando servimos a otros, sin darnos cuenta desarrollamos otras perspectivas dentro de nuestro yo. Por ende, adoptamos una personalidad de siervo.

Entonces cuando servimos Dios nos va llenando más

de sus dones para que podamos seguir sirviendo a otros. Esas cualidades son las que debemos cultivar que son los Frutos del Espíritu Santo. Mas el fruto del espíritu es amor, gozo, paz, paciencia, benignidad, bondad, fe, mansedumbre, templanza; contra tales cosas no hay ley (Gálatas 5:22-23 RVR 1960). Vemos que muchas veces adoptamos ciertos comportamientos que a Dios no le agrada.

Vemos el ejemplo de Jesucristo que fuer a la cruz del calvario sin argumentar, sin abrir la boca. Se ve los buenos principios de Jesús su obediencia al Padre. Jesús enseño a todos como deberíamos de ser. El enseno por ejemplo propio vemos que su manera de ser dice mucho de su personalidad la cual lo identificó. Debemos de ensenar con hechos, así como Jesús. Si queremos ser cristianos de verdad tenemos que adoptar la personalidad de Jesús, la cual se obtiene través de la oración y leyendo la Palabra. Cristo mismo nos enseno muchas cosas y una de ellas fue a orar. Cristo no se dejaba llevar por las cosas del mundo, sino que, Él se llevaba por lo que su Padre le decía. Jesús oraba constantemente para hacer la voluntad de su Padre. Cuando nos conectamos con El Padre celestial nuestra personalidad tiene que cambiar porque ahí adoptamos su ADN. La Palabra nos habla de orar sin cesar y sobre todo del ayuno.

Aunque hayamos vivido una vida que a Dios no le agradaba, Cristo se puede cambiar nuestra personalidad. El ayuno y oración nos ayuda a ver lo que necesitamos cambiar, Dios nos dará estrategias de cómo debemos hacer esto o aquello.

Cuando decidimos ser obediente a la Palabra de Dios, ahí sin darnos cuenta vamos adoptando nuevas cualidades de personalidad, nueva forma de ser que Jesús esta agradado.

No podemos dejar que el afán, las influencias negativas nos hagan echar a perder los frutos espíritu. Querer cambiar de actitud no es suficiente, es demostrándolo las con hechos. Es a través de la conexión con Dios que podemos desarrollar buenas actitudes, buenos atributos, buenas cualidades de carácter/personalidad. Aunque, en el Edén, se dañó toda pureza, ahora con Cristo podemos volver a nacer de nuevo. Uno debe tener cuidado, de como uno actúa en todo tiempo. Nunca me imaginé que yo podría salir de tantos traumas de personalidad de carácter así adoptando otra clase de temperamento, actitudes que a Dios le agrada. Aunque todavía Dios me sigue cambiando, agradezco a Dios por su amor infinito.

Mi testimonio, nací, pero nunca pude tuve padres, criada por una abuela la cual murió a temprana edad, ella no me dejaba jugar con nadie. Así, crecí con muchísimos traumas, me sentía incapaz de ser útil para nada y extremadamente tímida. Me sentía despreciada por todos y odiaba a todos. Poco a poco esos sentimientos de rencor, se convirtieron parte de mi carácter y personalidad. Después de que tantas cosas que ocurrieron, que me sentí tan cansada de todo y buscaba ayuda, fue así como Jesucristo me llamo. Visite muchas iglesias que no me satisficieron el alma. Hasta que Cristo vino a mi vida a través de la cruzada de Guille Ávila en New York, de esto ya hace muchísimos años atrás. Tampoco las aguas de rosa me sirvieron de nada. Fue entonces que a la edad de 20 años acepte a Cristo, quien cambio mi lamento en bailé. Desde allí mi personalidad fue cambiando, el temperamento malo que tenía fue cambiando a través de su Palabra y de tener una relación de oración con Cristo.

La oración ha sido mi puente a la restauración de mi

vida y también lo será en la tuya. Gracias a Dios que aun antes de ser salva por Cristo, ya El me cuidaba. Hoy día mi temperamento y el carácter malo que tenía han sido cambiados por Cristo. Puedo decir que hoy soy diferente, tengo pensamientos positivos deseo de superación. Hoy más que nunca le doy gracias a Dios por estar en mi vida. La verdad es que quiero que Cristo me siga cambiando, como dice su palabra de Gloria en Gloria. Dios nos dice, que toda obra para bien y que fuimos creados con propósitos buenos. A continuación, hablare de varias formas que nosotros actuamos a diario. Aunque coja tiempo cambiar no te rindas, Dios siempre llega a tiempo. Nunca creas que es tarde cambiar.

El Cuerpo

Nuestros cuerpos fueron creados para Dios, por eso no podemos hacer lo que queramos. Y creó Dios al hombre a su imagen, a imagen de Dios lo creó; varón y hembra los creó (Genesis 1:27 Reina Valera 1960). Como nuestro cuerpo es de Dios, entonces quiere decir que nuestro cuerpo es solo prestado por Dios. Tu cuerpo no es tuyo, ya que Dios es el dueño completo del mismo. Entonces tenemos que cuidar el cuerpo. Como nuestro cuerpo no es nuestro, sino de Dios, por eso no podemos amanecernos, tomar alcohol, drogas, o comer en exceso. Si tenemos el Espíritu Santo debemos de cuidar el cuerpo. Vemos que los malos hábitos traen malas consecuencias. El cuerpo como los órganos son afectado por los malos hábitos. Cuando reconozco y aceptando que Dios hizo mi cuerpo entonces veo que es mi obligación de honrar a Dios, atreves del cuidado que le dé al mismo.

El no cuidar a tu cuerpo va a hacer que gastes dinero en tratamiento que pudisteis evitarlo. Somos personas espirituales por esa razón el humano fuera de Dios busca placeres temporáneos porque busca cosas que no satisfacen. Qué bonito saber que podemos tener completa confianza que Dios nos cuidara y que sabe de lo que necesitamos. Dios sabe que nos hace falta y El suplirá lo que necesitamos atreves de la comunicación con El. Dios siempre cuidara de nuestro cuerpo, así como del alma y del espíritu cuando nos acercamos a Él.

El Alma

Somos tripartitos, óseo hecho de tres partes. Por eso de qué sirve cuidar el cuerpo, si no te cuidas el alma. Debemos tener un balance en la vida. En la biblia hemos podido leer el alma es como "criatura que respira". Digo que el alma se refiere al ser propio, la criatura o la persona en totalidad. Se ve en la biblia que Adán no recibió un alma, sino que llegó a ser un alma viviente o ser viviente. Si el Alma es también como nuestro cuerpo, entonces debemos cuidarlo. Cuando El Padre dio soplo de vida, esto se ve en (Génesis 2:7), se convirtió en un ser viviente. Dios te hizo para tener vida eterna y por eso fuimos salvos en Cristo Jesús.

Como tu cuerpo y el mío, fue creado por Dios, así también el alma, entonces tenemos aún más razón para cuidarlo porque forma parte de nuestro cuerpo, así como también el cuerpo es templo del Espíritu Santo. Cuando aceptamos a Cristo Jesús como único Dios y Salvador, allí viene a morar en ti el Espíritu Santo. También el cascaron de uno el cuerpo, lo de afuera es para Dios, lo de adentro también es de Dios. Dios nos hizo completos con alma, cuerpo y espíritu para glorificarlo. Y no temáis a los que matan el cuerpo, más el alma no pueden matar; temed más bien a aquel que puede destruir el alma y el cuerpo en el infierno (Mateo 10:28) RVR 1960.

El espíritu que Dios puso en mí

Aliento de vida es el espíritu en una persona. Lámpara de Jehová es el espíritu del hombre, La cual escudriña lo más profundo del corazón (Proverbios 20:27) Reina Valera 1960. El espíritu que Dios puso en ti tiene esencia del poderoso Dios. La comida que comemos no alimenta al Espíritu es la oración que nos alimenta el espíritu. La conexión con Dios alimento el alma, la cual nos ayuda a obtener victorias. Cristo mismo nos dijo en la Biblia que nunca nos dejaría solos, que nos dejaría al consolador que sería nuestra guía y esto es El Espíritu Santo y que nos guiaría a toda justicia y verdad. Para tener el Espíritu Santo en mí no puedo dejar que el mundo o tensiones de esta vida abrume nuestras vidas. Así como Cristo gano en la cruz del calvario, nosotros también ganaremos si confiamos fielmente. Debemos dejar que Jesús viva en nosotros, así podemos vencer. Si reconocemos día a día, que Dios nos hizo, y que todo lo que tenemos y somos le pertenece a Él, entonces nuestro enfoque será diferente. Somos luz, debemos dar buen ejemplo a donde quiera que vallamos.

Para tener a El Espíritu Santo debemos adoptar hábitos nuevos, los que Dios este agradado, así como los malos temperamentos. Los hábitos malos, temperamentos o caracteres pueden ser reformados si nos dejamos moldear por la Palabra. Debemos ser sensibles, humildes y aceptar que necesitamos ayuda de Dios. A continuación, veremos diferentes temperamentos caracteres formas que muchas veces hacen daño a otros y a nosotros mismos.

Resentimiento

El hermano ofendido es más tenaz que una ciudad fuerte, Y las contiendas de los hermanos son como cerrojos de alcázar (Proverbios 18:19 RVR 1960).

En mi vida he aprendido que no puedo actuar por impulso porque dará resultados malos, es importante pedir perdón a Dios y sobre todo a la persona que nos sentimos mal. Por esta razón, cuando te sientas enojado por algo que te hicieron o resentido, espera a que tu mente y tu emoción se tranquilice. La verdad que las oraciones para mi ha hecho milagros. Cuidar lo que sale de nuestras vocas cuando estamos enojados, aun cuando hablamos a diario es muy importante. No le digas nada que te puedas arrepentir en el momento de enojo. Las palabras mal dichas coger mucho tiempo para sanar. Tanto como la persona que dice palabras malas como la que las recibe quedan dolidas y eso hará daño al corazón. Hay que pensar y respirar hondo antes de hablar cosas hirientes. Por ejemplo, hay personas que respiran 5 veces antes de hablar y otras que salen a caminar. Aún hay otras que corren a orar. Salir del medio ambiente abusivo que te ofenden es bueno, aunque sea por unos minutos, distrae la mente caminando.

Cuando te enojas con otra persona es como dando el poder a la otra persona a que te maneje. Cristo nos llamó a ser libres de resentimientos, por eso perdonamos para que no se quede en el corazón. Debemos personar para que Dios nos perdone. Cuando perdonamos sanamos nuestro corazón y el de los que están alrededor de nosotros. Es mejor callar perdonar antes de seguir con resentimientos. Acuérdate, Jesús callo la boca aun cuando lo llevaban al calvario. Practicando los buenos hábitos como el perdonar para poder ser perdonados por Jesús. El resentimiento se acumula como si fuese un balón que se va agrandando y después explota por eso debemos perdonar porque así la cuenta con Dios esta saldada.

La lengua

De una misma boca proceden bendición y maldición. Hermanos míos, esto no debe ser así. ¿Acaso alguna fuente echa por una misma abertura agua dulce y amarga? (Santiago 3:10-11 RVR 1960). La lengua es un órgano muscular que se mueve, esta se encuentra en la parte posterior, está en el interior de la boca, la cual es parte de los vertebrados. Nosotros usamos la lengua para el gusto cuando comemos, es buena para la masticación. También la lengua nos ayuda en la articulación de los sonidos.

Por eso es importante recordar que con la lengua podemos edificar, construir o destruir a alguien. Por generaciones hemos podido oír que por la lengua muchas familias, iglesias, y naciones han sido destruidos. Es imperativo que tengamos mucho cuidado como la usamos. La lengua tiene poder para bien o para mal. Has oído, Panal de miel son los dichos suaves; Suavidad al alma y medicina para los huesos (Proverbios 16:24 Reina Valera 1960). La verdad que muchas veces hemos vivido en un ambiente donde la gente ha hablado malo, muchas veces la cultura o costumbres nos influyen tanto. También vemos que al crecer aprendemos hablar de una forma que a Dios no le agrada, al tu darle tu vida a Cristo todo eso tiene que cambiar. Quieras o no, un día tendremos que darle cuenta a Dios de todo dicho sea bueno o sea malo. Es fácil perder el sentido de quien somos cuando estamos alrededor de otras personas, pero recordemos que somos linajes escogidos. Tenemos que domar la lengua, así como el ejercicio al cuerpo.

Podemos usar las palabras para alentar, y reparar. La lengua puede ser usada como medicina. Podemos ser los que construyen, vamos a usar las palabras como vitaminas. El Señor nos dijo que seamos la luz en medio de las tinieblas. No te puedes rendir, debemos hablar las cosas que levantan y restauran sabemos que a su tiempo darán buen fruto. Si queremos ver cambios positivos en nuestros hogares e iglesia tenemos que cambiar la boca por una boca de Cristo.

El Enojo

Airaos, pero no pequéis; no se ponga el sol sobre vuestro enojo (Efesios 4:26 Reina Valera 1960). Cuando hay Enojo, tu sientes como algo que da molestia. Es un sentimiento desagradable que uno siente, cuando nos contradicen o cuando somos heridos o avergonzados. La palabra enojo viene del latín, que es inodiare, la cual es enfadar. Todo el mundo se ha enojado en algún tiempo. El enojo tiene sentimientos que van subiendo, como que descienden desde un simple enojo a la cólera. Muchas personas se enojan cuando sienten que lo que han dicho es contrario a lo que está diciendo. Podemos controlar el enojo con pasos simples.

Hay los pasos simples para controlar el enojo, como la respiración y distrayendo la mente ayudar a tranquilizarte.

El enojo es un estado emocional que varía de formas. El enojo cambia de nivel de intensidad que se forman dentro de ti y salen hacia fuera. El enojo cambia de una irritación leve a una furia irracional. El enojo tiene razones psicológicas y biológicas. Estos cambios son dentro del cuerpo y de la mente. Cuando la persona se enoja los palpis dos del corazón cambian y la presión arterial se eleva. También el nivel hormonal cambia, como la adrenalina. Dios lo puede cambiarlo todo si ponemos todas nuestras cargas en las manos de Dios. Otras causas del enojo son los recuerdos de traumas o cosas sucedidas que tuvieron un impacto negativo es esa vida. La verdad es que tenemos que reconocer y aceptar de dónde proviene el enojo para podernos ayudar.

El enojo es una emoción humana totalmente normal que hasta cierto punto es saludable. la Biblia dice que te puedes enojar pero que no peques. Airaos, pero no pequéis; no se ponga el sol sobre vuestro enojo, ni deis lugar al diablo (Efesios 4:26) RVR 1960. El problema es aprender a no perder el control de tus emociones porque la emoción no controlada se puede volver destructiva. Hay varias formas de practicar de cómo controlar el enojo, así como tu respiración, pensar en otra cosa, distraerte, orar, llamar a alguien de confianza que te pueda escuchar. Hay que reconocer que Dios está en control y que no tienes que desquitarte. El silencio es mejor y palabras a buen tiempo es como la miel, apacigua toda rencilla. Las emociones no controladas, así como el enojo sin control puede traer consecuencias malas en el trabajo, en las relaciones personales y en la calidad general de tu vida.

Hay 3 formas que podemos ayudarnos con el enojo: podemos decirlo, lo podemos esconder dentro de tu corazón o podemos calmarnos. Por eso es importante que te conozcas a ti mismo porque así podrás saber la raíz o la razón del enojo. Si sabes la raíz de tu enojo, tú puedes sanarlo con la ayuda de Dios. Primeramente, podemos expresar el enojo con firmeza sin agresividad, esto es sano. Puedes decir porque estás enojado o cual es la necesidad, sin demandas porque como tú quieres que sean contigo así tienes que tu tratarles, a esas personas, con respeto.

Esconder el enojo hace que te infles como un globo y después puede explotar. Más bien vamos a convertirlo el enojo o redirigirlo hacia cosas buenas. Con Cristo podemos hacer lo bueno y no lo malo. Se puede adoptar una conducta mucho más constructiva. En la vida todo puede ser reaprendido, como cuando ponemos una alarma, después de un tiempo, ya la alarma no es necesaria. No deje que tu enojo tome control de ti mismo porque se te subirá la sangre, los doctores le llaman hipertensión o presión alta. Cuando escondes el enojo salen otros problemas, como depresion. La conducta pasiva o agresiva hace que te quieras desquitar con las personas. Has podido ver ciertas personas que constantemente menosprecian a los otros o que critican todo. Aún hay otras personas que hacen comentarios sarcásticos porque no aprendieron a expresar su enojo de manera constructiva. Lo más probable que esas personas le es difícil establecer relaciones buenas-exitosas o duraderas. Por eso cuando no se aprende a controlar el enojo, sea de pequeño o de grande tendrá problemas interpersonales. Sabemos que todo habito aprendido puede ser roto con el poder de Jesús. Se puede aprender cosas nuevas y podemos tener relaciones duraderas y exitosas. Debemos de ser obediente a la palabra que, aunque nos duela saldremos exitosos.

Controlando tu conducta externa e internas podrás vencer al enojo. Cuando tomas pasos para reducir tu enojo, eso te ayuda al ritmo cardíaco de tu corazón o palpitaciones de este y te calmaras. Si no puede evitar las cosas o personas que te provocan enojo, entonces debes aprender a controlar tu actitud para reaccionar. Toda carga a los pies de Jesús es mejor que tratar de hacer todo solo.

Que pasa cuando estas Super enojado

El super enojo se transforma en Ira. Si te sientes que actúas de manera que parece fuera de control y que es alarmante, esto quiere decir necesitas ayuda rápida para poder controlarte. Si es así es mejor que lidiar con tus emociones. Atraves de los anos podemos ver que hay personas que se enojan más que otras. También, hay otras personas que no demuestran su ira gritando sino que se las guardan todo. Pero puedes ver que esas personas se irritan muy a menudo y andan malhumorados.

Sabias que las personas que se enojan con frecuencia no siempre insultan o lanzan cosas. Estas personas con frecuencia están alejadas de las personas, todo les molesta o se enferman. Las personas que se enojan constantemente sufren de baja tolerancia a la frustración. Estas personas creen que nadie puede darles inconvenientes o irritarlos. Has oído de personas engreídas, creen que se lo merecen todo. por consiguiente, y si no se lo dan, se enojan creen que el mundo tiene que estar a sus pies. El enojarse con intensidad o super enojo es resultado de origen genético y fisiológico.

Pude aprender en mi clase de psicología que hay algunos niños que nacen irritables, sensibles y que se enojan con facilidad. Muchas veces puedes ver a temprana edad el enojo que brota. También si no se le ensena al niño a temprano edad a lidiar con el enojo, entonces se quedará así. La verdad que la mayoría de las veces que las personas se enojan rápido es porque vienen de familias con problemas emocionales, la cual no pudieron desarrollar una forma buena de comunicar las emociones a otros.

Como sanar tu pasado para un futuro mejor

Primeramente, es importante, aceptar la verdad de la situación que te encuentres. Con Cristo podremos escalar como el agila. Deberás hacer un compromiso a cambiar para que puedas des fruto, deja que Dios te guie. Él nos dará dirección y descernimiento hacia decisiones que debemos dar. La voz de Dios tiene que ser más alta que todas las voces en tu vida. Para escalar como el agila tienes que prometerte a cambiar. Aceptando nuestro pasado hace que nuestro entendimiento se y nos ayudara perdonar, siempre y cuando deseemos que la Palabra sea nuestra guía.

Cristo mismo nos dijo que hay que perdonar para que podamos ser perdonados por Dios. Creer es poder, hay algo poderoso que pasa con tu mente, cuando te decides a perdonar. Cuando admitimos nuestras debilidades a Dios y no importando seguimos avanzando en Cristo, podemos estar seguros de que obtendremos la victoria. La Biblia dice que, Así que, arrepentíos y convertíos, para que sean borrados vuestros pecados; para que vengan de la presencia del Señor tiempos de refrigerio (Hechos 3:19 RVR 1960).

De modo que, si alguno está en Cristo, nueva criatura es; las cosas viejas pasaron; he aquí todas son hechas nuevas (2Corintios 5:17 Reina Valera 1960). En la Biblia de "perdonar" la cual quiere decir "dejar pasar". A veces es tan complicado perdonar, que llegamos a acumular tanto resentimiento y odio dentro de nosotros. Como resultado le deseamos mal a aquel nos hizo daño. Es necesario que primeramente nos perdonemos a nosotros mismos.

Cuando Perdonamos

Esta es la herramienta que nos ayuda a liberarnos de cargas y nos ayuda a caminar livianos y felices por la vida. Es bueno saber que perdonar no es olvidar, minimizar o justificar el daño. En la Biblia vemos que, Pedro le pregunta a Jesús: Entonces se le acerco Pedro y le dijo: Señor, ¿Cuántas veces perdonare a mi hermano que peque contra m ¿Hasta siete? Jesús le dijo: No te digo hasta siete, sino aun hasta setenta veces siete (Mateo 18:21-22 Reina Valera 1960). Perdonar significa disculpar a alguien que nos ha ofendido. En la Biblia, la palabra griega que se traduce "perdonar" significa literalmente "dejar pasa". Jesús usó esta comparación, Y perdónanos nuestros pecados, porque también nosotros perdonamos a todos los que nos deben. Y no nos metas en tentación, más líbranos del mal (Lucas 11:4 RVR 1960). Perdonamos a otros cuando dejamos de guardar resentimiento por los que nos hayan hecho o por el sufrimiento que alguien nos causó. La Biblia enseña que el perdón se basa en el amor sincero, el amor verdadero "no lleva cuenta del daño" (1 Corintios 13:4, 5). Tenemos que seguir cambiando, como dice la palabra de Gloria en Gloria.

Cristo dijo, venid los que están cargados y cansados que yo los hare descansar.

Personas frías distantes o Alexitimias

y por haberse multiplicado la maldad, el amor de muchos se enfriará (Mateo 24:12 RVR 1960). Las personas frías carecen de empatía y suelen experimentar problemas al responder adecuadamente, no muestran sentimientos a la gente que les rodea, por lo tanto, lo tanto les trae fricción en las relaciones familiares y de pareja que son afectada. Las personas frías suelen tener pensamiento muy práctico, todo tiene que ser para utilidad por eso los sentimientos de afecto no caben en su mente.

A esas personas frías se les hace difícil disfrutar de cosas que tienen emoción de sentimientos. Para ellos es casi imposible experimentar fantasías, sueños o pensar de forma imaginativa. Con esto digo que no es que los alexitéricos o personas frías no tengan emociones; porque las tienen, pero su dificultad es que no saben reconocerlas o expresarlas con palabras o gestos. Su incapacidad de expresar el afecto provoca que dramatice sus sentimientos o emociones en, dolores de estómago, taquicardia, tensión muscular. Esta reacción refleja su estado físico. También podemos ver que las personas Aleximicas que son tímidas les resulta muy difícil diferenciar lo que son las emociones de lo que son las sensaciones corporales. Las personas Alexitimias le es difícil decir "te quiero". Les da la dificultad para hablar de sentimientos.

La Alexitimia se puede dividir en dos categorías. 1. Alexitimias primaria: Está relacionada con factores orgánicos. Aquí se encuadrarían los pacientes con trastornos del Espectro Autista. La Alexitimia se relaciona con lesiones o enfermedades neurológicas, así como esclerosis múltiple, Parkinson, etc. En términos neurológicos, es una desconexión entre el sistema límbico, lo que regula las emociones. Esta el neocórtex que regula la inteligencia, el razonamiento y la lógica. En el cerebro la parte la izquierda, se llama hemisferio izquierdo (se encarga del lenguaje, el razonamiento lógico) y el lado derecho (se encarga de las emociones, creatividad, arte.

Ahora que entendemos como la persona fría fue afectada podemos seguir hablando de la Alexitimias secundaria. La aleximia secundaria está relacionada con factores psicológicos. Aquí la Aleximia secundaria han sufrido traumas emocionales, como abusos en la infancia, situaciones de estrés postraumático (guerra, abusos sexuales, malos tratos, o que simplemente que no han tenido un aprendizaje emocional adecuado en la infancia o de niños. A los Aleximicos secundarios no se les enseño la forma adecuada identificar sus emociones o cómo lidiar con ellas. Con frecuencia estas personas sufren de depresión, cambian de humor, sufren de trastornos alimenticios, como anorexia nerviosa, y tienden a tener problema con adicciones. La Alexitimias secundaria, al contrario que la primaria, puede ser reversible a través de terapia como la psicoterapia. Muchas veces con medicina antidepresiva.

Aunque las personas con estos sufrimientos no suelen ir a la terapia, con insistencia pueden coger terapia cognitiva-conductual y la terapia interpersonal pueden ayudarles a desarrollar su conciencia emocional. El objetivo del tratamiento psicológico será ayudar al paciente a identificar, etiquetar y comprender adecuadamente las emociones. La terapia con la ayuda de Dios puede hacer gran maravilla. Es necesario darles significado a las emociones, verbalizarlas e identificarlas con las sensaciones asignadas a ellas. También la persona tiene que aprender a autorregularse con las emociones.

La verdad es que, para poder demostrar sentimientos o emociones, debemos de ser curados por el poder de Dios y dejar que la misma nos llene de amor. Si la terapia ayuda, pero más puede el poder de Dios. Cuando somos curados entonces podremos perdonar para amar, sin duda así podremos expresar sentimientos verbalmente y no solo con acciones. Sabemos que la cura de Dios puede coger tiempo, pero no importa el tiempo Dios lo que hace lo hace bien. Podemos ganar ciertas inseguridades con el poder de Dios.

No debes tratar de cambiar la persona que es fría, alexcimica. Descarta desde un principio esa posibilidad. Si quieres que cambie deja que sea su propia decisión. Si no eres capaz de expresar el amor a tu pareja porque sufres de este desorden neurológico, entonces un profesional será la persona más indicada para ayudarte.

Si el problema de no poder expresar el amor es debido a vivencias dolorosas, entonces es importante que sepas que tu pareja desempeña un papel muy importante. Tu como pareja debe ser una ayuda no un dolor. La tendencia del humano es corregir las razones por que el no expresa lo que siente y quizás se enfadará contigo por eso. Aunque sea así, es importante que como pareja lo entienda y decida ayudar para que pueda expresar emociones, sentimientos. No te enojes con la persona que no sabe expresar las emociones porque para esa persona no es fácil hablar de sentimientos.

Un lugar cómodo para los dos es bueno porque allí podrás hablar de emociones, ten paciencia acuérdate que el amor cubre todo falta. Para tu pareja expresar el amor es algo muy difícil. Ponte en su lugar y ayuda a expresar el amor porque así los dos aprenden. Descubre como el transmite sus emociones. Mira si es capaz de exteriorizar su enfado o ira de la manera correcta. La Biblia nos dice como sanar el pasado. [7] de modo que, si alguno está en Cristo, nueva criatura es; las cosas viejas pasaron; he aquí todas son hechas nuevas. (2 Corintios 5:17 RVR 1960).

El pasado Se Puede Sanar

"Todo lo puedo en Cristo que me fortalece" (Filipenses 4:13 Reina Valera 1960). Solo tendría que decir que el pasado se sana, cuando nos damos de todo corazón a Cristo. Pero esto es un proceso que debes tener paciencia, tienes que querer que tu pasado malo se sane y con la ayuda del Espíritu Santo será posible. Saldrá mucho provecho si conversas con tu pareja honestamente. Puedes cambiar con el poder del Espíritu Santo, es importante escuchar su voz. Cambiar no es solo decirlo, pero actuar para ver la diferencia. La Biblia nos dice, que podemos ir de gloria en gloria.

La verdad es que somos el producto de lo que hacemos Nunca seré sano sino reconozco que tengo que cambiar. Hay que ser humilde y ver que realmente tenemos ciertas cosas que necesitan ajustes de parte de Dios. También cuando reconocemos, aceptamos podremos ver los síntomas y veras que con sinceridad podemos lograr cambiar. Podemos ver en la Biblia que Jesús quiere que tú seas sano y es confesándolo. No podemos seguir transmitiendo malos hábitos a las próximas generaciones, tenemos que parar toda generación de maldiciones. Muchas veces hay cadenas actitudes, hábitos, sucesos en la familia que se repiten, esas son maldiciones generaciones, por eso con las oraciones podrás ver que fue o porque cierta actitud o cosas pasan y pasan. Hay cosas que han impedido que nuestras generaciones sean felices completamente. Si no tuviste madre que modelara una familia saludable, entonces tu eres el escogido, la escogida para cambiar eso. Debemos rechazar toda maldiciones de cosas en nuestras vidas atraves de la oración. Debemos ver que actitud pasa con frecuencia, orar, rechazar, declararnos libres. Después puedes seguir teniendo administración atraves de un consejero cristiano o de persona sabia que realmente ama y obedece a Dios.

La Autoestima

Nosotros mismos podemos educar a la autoestima. 'Nada hagáis por contienda o por vanagloria; antes bien con humildad, estimando cada uno a los demás como superiores a él mismo;(Filipenses 2:3 RVR 1960)". Desear tener una autoestima excelente es algo muy bueno. También con el poder de la Palabra de Dios, una buena autoestima se puede lograr. La autoestima no es ser popular o que te veas lindo, es lo que llevas por dentro. Tu buena actitud moral, es lo que te hace hermoso, hermosa. Cuando tú tienes buena autoestima es porque tú te aprecias a ti mismo. Te aprecias por lo que eres, por tus fallas, debilidades y todo lo que te forma dentro y fuera de ti. Es aceptar quien tu eres por completo. Es amarte a ti mismo como te hizo Dios por dentro y por fuera. Sabemos que no somos perfectos, pero podemos lograrlo con la ayuda de Dios porque ya la Palabra ha provisto recetas que te harán exitoso. La Palabra dice que no hay ni uno que sea perfecto. Entonces tenemos que amarnos como somos y saber que Dios nos ama así, pero lo que no le guste a Él, nuestro Dios, eso Él lo removera con la oración, con su poder.

La diferencia entre alguien con autoestima y alguien sin autoestima

Quien tiene autoestima es consciente de sus capacidades y dificultades, y aprende a convivir en esta sociedad de la mejor manera. El que no tenga su autoestima buena deja que sus obstáculos internos le impidan amarse y seguir avanzando. Nadie puede arreglar o mejorar lo que uno no sabe, eso es como un siego que no ve donde va. Cuando tú sabes lo que te molesta, entonces sabrás lo que molesta tu autoestima. Entonces puedes escribir en una página lo que te molesta y lo que no. Algo así como lo que tú eres fuerte y lo que tú sabes que lo que causa que te pongas mal.

Has visto un día, personas que escriben sus proyectos. Esto también se puede practicar así. Entonces escribiremos 7 debilidades que se puedan convertir en cualidades buenas. Entonces Después trabajamos con esas debilidades con la intención de ponerlas al otro lado del cuadro. No importa cuánto tiempo te demores, a mí misma muchas de mis debilidades me han cogido años de años. Lo importante es mejorar y nadie lo logra de la noche a la mañana, sabemos que no estamos solos, que con la ayuda de Dios lo lograremos. Mantén la lista donde la veas, aprenderemos a valórarnos por las virtudes, las cualidades buenas que ya tenemos. Fuiste hecho a la imagen de Dios. Eres poderoso con Cristo.

Expectativas alcanzables

Las expectativas inalcanzables, pueden causar que nos desesperemos y pueden destruir nuestra autoestima. Es importante ponerte expectativas alcanzables. Expectativa razonable porque muchas veces pasan cosas en nuestras vidas. Debemos de ser flexibles y entendidos con nosotros mismos. Ver para que somos buenos o que Dios nos dio que somos buenos es muy importante para nuestra autoestima. Sabemos que, con Dios, todo es posible por eso no te puedes rendir antes de tiempo. Tenemos que ser realistas con nuestras expectativas, aunque sean pequeñas. Sobre todo, cuando tus metas, sueños o expectativas dependen de otra persona. Recuerda que no hay nadie perfecto y que a veces ciertas cosas o proyectos pueden salir mal, no te detengas por eso, levántate y hazlo de nuevo, vea que ajustes puedes hacer para que salgan bien. Todo mundo ha fallado alguna vez. Levántate y sigue hacia tu meta.

Siempre revisa tu lista de expectativas, mira que otras personas esperan de ti. Mantén una actitud positiva ante cualquier situación. Dios te dará la victoria. Cuando creemos en Dios, tenemos que ser capaces, no estamos solos. Cuando sabes que Dios quiere que tú hagas ciertas cosas y esas son parte de tu expectativa, entonces tú sabes que van a salir bien. Cuando Dios está de acuerdo con tus metas, expectativas, aunque haya problemas u obstáculos, ten por seguro que te saldrá bien. Porque lo que Dios abre no hay nadie que pueda serrar. Si tienes que cambiar tu expectativa para que sean más alcanzables hazlo, pero no te rindas.

Sabes yo tenía miedo a la computadora, pero tuve que coger clases de esta para que el miedo de tocarlas se me fuera y sabes funciono porque hoy día puedo escribir este libro y me alegro de que Dios y que mis familiares me empujaron hacerlo. La verdad que si son cosas buenas dentro de la Palabra de Dios y sus promesas se harán. Dios quiere que tu seas victorioso. Dios quiere ver tu valentía entes, todos tenemos que seguir persistiendo en lo que es bueno.

No podemos ser duros con nosotros mismos, el ser perfeccionista hasta cierto punto es bueno. Los errores nos ayudaran a ver la vida diferente y nos ayudan a no cometerlos otra vez, así podemos poner metas y podremos alcanzarlos. Cuando estamos dentro de la voluntad de Dios, nada podrá parar esa bendición. Recuerda nadie es perfecto, solo Dios. Tus logros son reales por lo tanto te sentirás valorada por alcanzar tus metas, reconoce en todo momento que es por Dios que logras y tienes lo que tienes porque Dios lo permitió. En otra palabra debemos de ser agradecidos por lo que logramos y por lo que no, porque Dios nos protege y todo lo que pase es para bien y no para mal.

Los Errores

Porque siete veces cae el justo, y vuelve a levantarse; Mas los impíos caerán en el mal (Proverbios 24:16 Reina Valera 1960). No pienses que eres mala persona por cometer un error, o que eres inferior a los demás, o que eres un incapaz. Es en los errores que aprendemos hacer mejores seres humanos, eso es si aprendemos la lección.

Cuando tu familia o otras cercanas son las causas de tu baja autoestima, si eres cristiano entonces tu sabes que debes rechazar eso porque Cristo dijo, "todo lo puedo en Cristo que me fortalece" (Filipenses 4:13 Reina Valera 1960). Cuando creemos en Dios tenemos que ser fuerte y no dejar que nada de lo que pase a tu alrededor te influya emocionalmente. Lo que Dios limpio, limpio es. Si no eres creyente, sabrás que Dios te hizo a su imagen y que Dios te ama y que quiere sanarte por completo. En la vida tendremos aflicciones de toda clase, pero tenemos que entender que ya fuimos y somos vencedores si creemos en Cristo. Los errores son parte de un aprendizaje que podemos superarlos. Tenemos que seguir creyendo que somos hermosos para Dios. Que, aunque haya personas dañadas que digan cosas feas, eso no eres tú. La mayoría de las veces que alguien te diga cosas feas para que tu auto estima baje, quiero que sepas que es esa misma persona que es así por dentro. Es esa persona la que se siente así por dentro y que se desahoga con tigo. Son personas que no han podido expresarte su dolor y lo muestra abochornando a otros.

Si eres la persona que siempre se le sale cosas y menosprecia o dice cosas o abochorna a otros, tienes que saber que tienes que sanarte el corazón. Dios lo puede hacer todo. Ponte en las manos del alfarero. No quedes estar atada a la persona que fuiste o sintiéndote menos porque alguien dijo algo. Tu eres valiente, capaz de muchas cosas lindas. Lo que diga la gente no debe atormentarte. Dios ya dijo que tu eres real sacerdocio, linaje escogido. Si entiendes que lo malo que dice otra persona para que te sientas mal, es porque ve algo bueno en ti que ellos quisieran. Porque no tenemos lucha contra sangre y carne, sino contra principados, contra potestades, contra los gobernadores de las tinieblas de este siglo, contra huestes espirituales de maldad en las regiones celestes (Efesios 6:12 RVR 1960). Con Cristo somos más que vencedores.

Con Cristo Jesús somos libres de toda baja estima, porque somos creación suya. Tenemos que perdonar y olvidar aquel que hizo nos hizo daño y echar hacia adelante. Si no perdonamos entonces le estamos dando el poder aquel que nos hizo daño, es como si nos manipulara nuestras vidas, algo así como un títere.

Somos responsables de cómo la eduquemos la autoestima. Tenemos que controlar de la forma de que hablamos. Lo que hablamos tiene impacto espiritual, lo que decimos puede dar vida o puede hacer lo contrario.

El no tener tiempo

Mirad, pues, con diligencia cómo andéis, no como necios sino como sabios, aprovechando bien el tiempo, porque los días son malos (Efesios 5:15-16 RVR 1960). La familia es muy importante para Dios, de hecho, la idea surgió de él. En Genesis podemos ver que Dios creo la familia y es para provecho de la humanidad. El dar el tiempo a lo que Dios ha puesto en nuestras manos es de agrado para Dios y también es para edificación de nuestras almas. Por tanto, dejará el hombre a su padre y a su madre, y se unirá a su mujer, y serán una sola carne (Genesis 2:24 Reina Valera 1960).

Todo matrimonio debe sacar el tiempo merecido a su otra mitad. Cuando tu das el tiempo merecido a tu familia, Dios te bendecirá porque la familia fue creada por Dios. El sacar tiempo para las cosas que Dios te ha puesto en las manos es cuidarlas, es amarlas. Es importante balancear tu vida para que seamos encontrados justo, recto delante de Dios. El día tiene 24 horas, ahora depende que tus haces con el tiempo. Podemos edificar con el tiempo que tenemos o podemos no hacer nada y dejar que todo se derrumba, depende de ti. Yo solo se que Dios nos mando a edificar, a restaurar, a sanar, nos mando hacer luz en medio de las tinieblas.

La Biblia dice, Vosotros sois la sal de la tierra; pero si la sal se desvaneciere, ¿con que será salada? No sirve más para nada, sino para ser echada fuera y hollada por los hombres (Mateo 5:13 RVR1960). Cuando damos tiempo, estamos siendo la sal de esta tierra, allí estamos sanando porque la sal también desinfecta, la sal sana heridas. Dar el tiempo a lo que Dios nos puso en las manos, es sanar, es cuidar, es amar. Tenemos que amar porque Dios nos amo a nosotros primero.

Cuando Estas Ansioso

Por nada estéis afanoso, sino sean conocidas vuestras peticiones delante de Dios en toda oración y ruego, con acción de gracias. Y la paz de Dios, que sobrepasa todo entendimiento, guardara vuestros corazones y vuestros pensamientos en Cristo Jesús (Filipenses 4:6-7 Reina Valera 1960). El estar ansioso no es bueno. Cuando te pones ansioso es porque algo te causo y te pones a la defensiva. Esto lo hace el cuerpo para defenderse. La mente se pone en alerta ante situaciones que parecen amenazantes. Esto se da en todas las personas, así que es normal. Cuando una persona se pone ansiosa, es que esta anticipando una respuesta de algo incomodo que le paso.

La solución para la ansiedad es la oración. En tiempo de ansiedad la oración trabaja. Mi hijo de pequeños cantaba, "Yo tengo un teléfono, para hablar con Dios". La vedad es que la oración es como un teléfono. No creo, que haya alguien, mejor que escuche nuestras preocupaciones que Jesucristo. En Daniel 6:10, vemos que Daniel habría las ventanas y oraba 3 veces al día. Dios no quiere que nos preocupemos.

El estar ansiosos puede crear problemas en tu cuerpo. La ansiedad nos da preocupación o nos puede poner angustiados. Podemos ver como el sistema nervioso se puede dañar. El rey David también tuvo preocupación o ansiedad y el corrió a la presencia de Dios. Podemos cambiar la ansiedad en algo positivo. Así como el apóstol Pablo sintió preocupación por las iglesias, pero él se animó con la ayuda de Dios para escribir cosas positivas, el animo a aquellos por quienes estaba preocupado. Podemos cambiar hábitos de ansiedad, preocupación por practicas positivas. Con la oración ganamos terreno a toda angustia, a todo dolor. Podemos revertir nuestro pensamiento en cosas que den buen fruto. No podemos dar lugar a pensamientos negativos. Pero podemos coger posesión de la Palabra y hacerlas nuestras porque ya nosotros hemos vencido con Dios que esta de nuestro lado.

Preocupándonos no vamos a cambiar el mundo. Hoy día podemos ver como muchísimas personas viven preocupadas, viven con angustias, una ansiedad que hasta se puede pegar. Es por eso por lo que debemos ser fuerte usando la palabra de Dios porque en ella hay vida, felicidad, paz que sobre abunda. La mucha ansiedad se puede convertir en fobia, en un trastorno de pánico y de inseguridad. No podemos dejar que la angustia, las preocupaciones nos invada. Con La Palabra somos más que vencedores. Aunque a veces la angustia pueda que se convierta en problemas físicos, nosotros podemos vencer. Cuando te de mareos, ahogos, o dolores de cabeza fíjate que no sea alguna angustia, ansiedad preocupación que no te estés dando cuenta y que este saliendo a fluir de esta manera. No importando los síntomas con Cristo podemos vencer cualquier ansiedad. Cristo nos dio el poder para vencer obstáculos que tendríamos en la vida. Leer la Palabra, orar, ayunar ayuda mucho. Pero este genero no sale sino con oración y ayuno (Mateo 17:21 Reina Valera 1960).

Las causas de la ansiedad

Una de las razones de la ansiedad es el dinero. Vemos muchísimas personas preocupadas de como van a pagar las deudas. La verdad que en este mundo tendremos aflicciones. Solo con Cristo obtendremos la paz que sobre pasa todo entendimiento. Esto es cuando nos entregamos totalmente a Dios y le entregamos toda preocupación en sus manos. También hay otra parte de personas que sufren ansiedad por causa de relaciones rotas, divorcios o problemas familiares.

Cuando nos sentimos seguros, allí la ansiedad se va. Es en la presencia de Dios que obtendrás la victoria de ansiedad. Unas de las cosas que debemos hacer es estar seguros de que tenemos una relación personal con el Dios, en la presencia de Dios nos sentimos seguros. La ansiedad no solo es emocional, pero también puede ser un estimulo que nos ayuda hacer cosas buenas. Entonces podemos decir que la ansiedad buena es la fuerza que nos impulsa a ocuparnos adecuadamente de personas o situaciones que lo necesiten. Veamos un ejemplo de ansiedad positiva. Pablo, él estuvo ansioso, preocupado por las iglesias (2 Co. 11:28 RVR 1960).

La ansiedad o preocupación hasta cierto punto es buena. Dependiendo como tu resuelves ciertos problemas de ansiedad dará su fruto. Cuando tenemos ansiedad positiva, allí es una fuerza que nos lleva a tomar decisiones buenas, esa ansiedad nos ara las fuerzas para afrontar el problema mucho mejor. La ansiedad buena nos ayuda a vivir la vida mejor.

La preocupación excesiva por el futuro, esa ansiedad es mala. La preocupación excesiva hace que cojamos miedo y ase que diluye el deseo a luchar porque esa ansiedad te paraliza. Quizás abras visto esto en los ancianos, ellos se preocupan de que les pasara de anciano. Hay otras personas pierden el deseo de vivir. No podemos darle el poder a la mente para que se preocupe de cosas que no debe. Porque Cristo esta con nosotros como poderoso gigante, está listo para ayudarnos. La inseguridad y el miedo se convierten en un círculo, la cual es tan difícil de salir. Pero tú que eres cristiano, sabrás que Dios te socorre, si solo oras, grita a Dios que te socorra. A veces nos sentimos que el mundo se nos viniese encima, que nos aplasta. La oración rompe barreras, temores, angustias, miedo, frustraciones, dolores del corazón causado por el pasado, aunque nos de ansiedad por todas esas cosas, sabes que Dios aquieta tus pensamientos. Dios nos dio la victoria y podemos creer que Él nos ayudara. Sus promesas son fieles y reales. No podemos estar afanosos, esa ansiedad mala puede arruinar el propósito que Dios tiene en tu vida. La ansiedad buena es la que te ayudara a acabar algún proyecto. Te dará seguridad que Dios esta ahí. Es importante tener clara la enseñanza bíblica sobre la ansiedad. Conceptos erróneos nos hacen sentir culpable por eso es importante que tu lea la Biblia y ores porque allí tendremos la victoria. Debemos trazar una distinción entre ser ansioso y estar con un afanoso. La victoria esta en la cruz.

El Ansiedad

La ansiedad es básicamente un mecanismo defensivo. Es un sistema de alerta ante situaciones consideradas amenazantes. La función de la ansiedad es movilizar al organismo, la cual lo mantiene alerta y dispuesto para intervenir frente a los riesgos y amenazas de la vida, esto ayuda porque las consecuencias son más pequeñas. La ansiedad puede transmitirse de los padres a hijos, algo así herencia y por aprendizaje. Los hijos aprenden esto o se contagian cuando ven la conducta de sus padres. Estas son personas que se preocupan desmedidamente por todo.

Hoy día podemos ver muchos padres que anticipan los acontecimientos de forma pesimista y exagerada o drásticas. Siempre piensan lo peor, la verdad que a mí me fue muy difícil salir de esto. Pero te digo que si se puede ser libre de ansiedad sea extrema o no. La mente de esa persona siempre está llena de malos presagios. Ellas se especializan en imaginar cosas terribles. Nunca pueden relajarse totalmente porque cuando han resuelto una preocupación ya están pensando en la siguiente. Por eso debemos de dejar que Cristo nos sane el corazón, las emociones. Libres somos en Cristo Jesús.

El carácter ansioso es un problema psicológico que puede

mejorar con ciertas técnicas. Ahora podemos ver como los pensamientos negativos pueden hacer mucho daño. La Biblia nos dice que llevemos cautivo todo pensamiento a la obediencia de Cristo. La terapia cognitiva, por ejemplo, consiste en enseñar a pensar de forma más positiva la cual suele ser de mucha ayuda.

Este tipo de ansiedad, en sí misma, no es un pecado porque no es incompatible con la confianza en Dios. Jacob, David, Jeremías y otros hombres de gran fe pasaron momentos de mucha ansiedad, pero en medio de esas angustias siguieron confiando en Dios. En Mateo 6:25-31, vemos la palabra abrumado, la cual es el punto de producir inquietud o intranquilidad.

Este tipo de ansiedad es claramente condenada en la Biblia porque se ve la falta de confianza en el abastecimiento de Dios. Cuando estamos abrumados, cuando estamos excesivamente ansiosos, allí negamos dos atributos básicos del carácter divino de Dios. Una es su fidelidad y su providencia. Debemos seguir creyendo que Dios puede más que nosotros. Le servimos a un Dios grande no pequeño. La ansiedad extrema es un problema psicológico que requiere tratamiento. La ansiedad existencial o el afán es un pecado que requiere arrepentimiento. Para las dos ansiedades es importante que te conectes con Dios, quien nos dará de su paz que sobre pasa todo entendimiento.

El Amor

El que no ama, no ha conocido a Dios; porque Dios es amor (1Juan 4:8 RVR 1960). El amor es un sentimiento de afecto universal que se tiene hacia una persona, animal o cosa. El Amor hace referencia a un sentimiento de atracción emocional y sexual que una persona siente hacia otra persona (Diccionario Rae & ASALE 2019).

Hay cuatro clases de amor

El Eros, el amor romántico-de pareja, El amor storge-amor fraternal, amistoso y comprometido, está el amor Philia-el amor entre amigos, el amor al prójimo, y el amor Ágape-amor más puro que nutre, generoso, consciente de sus deberes, este es amor espiritual y profundo cuya prioridad es el bienestar del ser amado.

Qué pasa si no amo o no quiero amar. El no amar trae consecuencias a la familia. Algunas de las causas de no tener amor es el resentimiento, el orgullo y el no querer perdonar. Si no abrimos nuestro corazón, eso hace que el corazón se endurezca. La verdad es que un corazón duro no hoye ni entiende. El amor nos ayuda a entender a la otra persona. Cuando amamos, Dios nos oye. La Biblia nos exhorta a ir donde tu hermano y reconciliarnos para que Dios nos oiga. En la biblia vemos que Dios es amor (1 Juan 4:8). Cuando nos acercamos más a Dios, le amamos más y entendemos más sobre el amor.

El amor requiere sacrificio y entrega, por eso Dios entregó a su hijo por la humanidad. Vemos los frutos del espíritu que son amor, gozo, paz, paciencia, benignidad, bondad, fe, mansedumbres, templanza; contra tales cosas no hay ley (Gálatas 5:22-23mRVR 1960). Las palabras de amor no solo pueden cambiar al esposo/a, pero muchas cosas alrededor de nosotros. Conozco una historia, de un hombre que fue a un psicólogo para decirle que no amaba a su esposa y que por eso quería divorciarse, entonces el psicólogo le dijo, es porque tienes que amarla. El hombre se enojó, y le dijo le dije que no la quiero, el psicólogo le dijo, Ya le dije que tiene que amarla. El psicólogo le dice, como puedes decirme que no la amas, si no las has amado.

Veamos, que cuando amamos vemos la necesidad del esposo o la esposa. Podemos ver la necesidad del hermano primero o de la iglesia. La Palabra dice que el verdadero amor es sufrido. Cristo nos enseno, que debemos dar para recibir. Lo que tenemos que hacer es permitir que Jesucristo trabaje dentro de nosotros a través del Espíritu Santo. Tenemos que hacerle frente al desamor y perdonar porque así le damos un chance al amor. Dios es amor, Cristo dio su vida por ti y por mí (Juan 3:16). Vamos a amar con amor Eros, el amor a nuestro esposo/sa. Vamos a amar a nuestro hermano, amigo, con amor Filo. Amemos con el amor Agapao, con el amor profundo.

El amor todo lo puede, el amor transforma, pero también es sufrido. Podemos vencer el desamor reconociendo que necesitamos a Dios. El que dice que está en la luz, y aborrece a su hermano, está todavía en tinieblas. [10] el que ama a su hermano, permanece en la luz, y en él no hay tropiezo (1 Juan 2:9-10 RVR 1960). En la Biblia hemos oigo que Dios dice que nos amemos de corazón con hechos y de verdad no solo de palabra.

Cuando amamos perdonamos y eso abre la ventana de los cielos. Cuando perdonamos y nos perdonamos a nosotros mismo, esto hace que el corazón se cure. Nuestras vidas se sanan, así como nuestros hogares. El amor sano a nuestros hijos, esto pasa cuando perdonamos. Cuando dejamos que Dios nos llene de su amor, allí podemos perdonar y el Espíritu Santo se moverá en su iglesia. También pasa lo contrario cuando no perdonamos. El Espíritu de Dios, se pone triste, y no se mueve de la forma que quisiera moverse en nuestra iglesia o en nuestras vidas. Es importante que nos dejemos moldear por Dios, por su palabra para que podamos obtener la victoria. Cristo dijo, mi pueblo perece por falta de conocimiento, el conocimiento de Dios nos ayuda a vencer todo obstáculo. Tenemos que desear ser diferente porque con el amor podemos vencer.

La mentira

Dios aborrece la mentira. Los labios mentirosos son abominación a Jehová; pero los que hacen verdad son su contentamiento (Proverbios 12:22 RVR 1960). Los mentirosos no estarán en la presencia de Dios. No habitará dentro de mi casa el que hace fraude; el que habla mentiras no se afirmará delante de mis ojos (Salmos 101:7 RVR 1960). ¿Seremos cristianos si no obedecemos la Palabra de Dios? Cuando la persona miente sabe que está mintiendo y sabe que no es verdad lo que dice. Sabemos que nadie es perfecto y que venimos del pecado de Adam, pero con Cristo debemos de ser criaturas nuevas. Debemos de dejar que la Palabra, la Biblia nos transforme de día en día.

No importando de que tamaño sea la mentira, sigue siendo mentira. Mientras más se miente más se hace difícil de salir de eso, lo peor que esa costumbre se puede transmitir a los tuyos. Hay personas que mienten deliberadamente para avanzar en su vida profesional o condición social. La mentira es condenada en las Sagradas Escrituras.

La Palabra, la Biblia nos dice donde irán los que no

se arrepientan de mentir. Encontramos más sobre esto en (Apocalipsis 21:8 RVR 1960). Cojamos buen consejo y hagamos nuestra la Palabra.

La ambición vs. La codicia o ambición extrema

No os hagáis tesoros en la tierra, donde la polilla y el orín corrompen, y donde ladrones minan y hurtan; sino haceos, tesoros en el cielo, donde ni la polilla ni el Orín corrompen, y donde ladrones no minan ni hurtan. Porque donde este vuestro tesoro, allí estará también vuestro corazón (Mateo 6:19-21 RVR 1960). Aunque muchas veces creamos que el dinero sabio, pues no sacia porque Dios nos hizo seres con sentimientos, emociones que son llenadas con el amor de Dios.

Codicia es el afán desmedido por tener riquezas y bienes. En el cristianismo se considera como un pecado terrible. ¿Qué nivel de ambición es mala? Un ejemplo sería el estudiar y trabajar esta ambición es buena. Ahora sí, tienes el deseo de superarte, pero lo haces, aunque otros sufran, entonces esto se conviertе en codicia. Yo personalmente creo en tener un balance en la vida. La verdad es que la Biblia dice claramente, el afán no trae nada bueno. La ambición es el impulso de lograr algo y esto nos ayuda a lograrlo y la codicia es el deseo tener lo que tiene no importando si haces daño.

La verdad creo, que por muchos años hemos confundido la palabra ambición y codicia. Verdaderamente da pena, pero en muchas iglesias todavía se les ensenan que no pueden ser ambiciosos y es por eso podemos ver como muchas cristianas se quedan sin estudios avanzados. Podemos ver como muchas personas no han logrados sus sueños, de estudiar y querer más porque se les metió ideas equivocadas. El Dios que les servimos es un Dios de bendiciones y promesas y el querer mas es un deseo de Dios porque Dios mismo dijo que nos bendeciría. La Palabra nos dice, que, así como prospera nuestras almas así prosperaría nuestras vidas.

La diferencia entre ambición y codicia

La codiciosa te hace creer que consigas lo que quieres a todo costo. La ambición extrema o codicia es, unos de los pecados más grandes. Vemos el ángel caído que transgresión en contra de Dios porque tuvo ambición extrema, la codicia que quería el tener el poder. Ser ambicioso, en sí mismo, no es incorrecto, es a que extremo que la persona se lanza para lograr lo que quiere.

Podemos ver que en esta sociedad nos dicen que tengamos más, esa es ambición egoísta. Hay que tener en cuenta la ambición mala y la ambición buena. No confundamos la ambición buena y la ambición extrema o codicia. Digo si tienes que destruir a alguien para alcanzar lo que quieres, allí ese es el mal.

Dicen que los cristianos no debemos ser ambiciosos, sino compartir nuestras posesiones con los demás. Eso está bueno pero la ambición que hablamos aquí es otra, es la codicia o ambición extrema, la que es mala. Mira la codicia, la ambición extrema del El Rey David quien mando a poner a Huiras al frente de la batalla para el quedarse con la esposa de Hurias.

Dios mismo nos mandó a trabajar con el sudor de la frente. Muchas veces me encuentro con gente que confunde la palabra ambición con algo malo. Yo misma desde pequeña crecí con un sentimiento malo de desear más. La verdad es que no podemos destruir a otros si quieren alcanzar sueños. El mismo Dios, dijo pedí y se os dará. No hay que olvidarnos que Jesucristo si quiere que tus avances en la vida espiritual, también en esta vida física. Amado, yo deseo que tu seas prosperado en todas las cosas, y que tengas salud, así como prospera tu alma (3 Juan 1:2 RVR 1960).

No es malo querer superarte, es como tú quieres superarte o a que costo de que es el problema. Con Dios de la mano siguiendo su palabra siempre tendremos más, porque todo lo que hace Dios obra para bien. Pon a Cristo primero y lo demás será añadido. Debemos tener un balance en la vida.

El doble animo

El hombre de doble animo es inconstante en todos sus caminos (Santiago 1:8 RVR 1960). El doble ánimo es cuando una persona comienza algo y no lo acaba. Estar alegre y después triste. El tener doble ánimo es como tener una doble mente, doble vida. Cuando tenemos un doble ánimo es porque nos falta firmeza de carácter. Dice la Biblia que digamos si o no.

Podemos ver las características de la persona inconstante, es persona es siempre insegura. Con esa clase de persona no se puede contar cambia de mente rápido a las cosas de la vida como, el trabajo, familia, congregación, finanza. Jesucristo dijo, quien es así no recibirá recompensas. Debemos dar a Cristo nuestros hábitos para que sean transformados por la Palabra.

Fracaso vs. Victoria

Aunque haya fracaso no es el fin. Por Jehová son ordenados los pasos del hombre, y él aprueba su camino (Salmos 37:23 RVR 1960). Muchas son las aflicciones del justo, Pero de todas ellas le librara Jehová (Samos 34:19 RVR 1960). Muchas veces creemos que Dios no oye y nos sentimos fracasados. El sentimiento de fracaso es normal hasta cierto punto, pero no podemos quedarnos con ese sentimiento de fracaso. Dios mismo nos dijo, que somos más que vencedores en Cristo Jesús. Tenemos que posicionarnos en las bendiciones de Dios, y estar en victoria. Tenemos que planificar lo que necesitamos y lo que no necesitamos, para poder administrar bien lo que Dios nos da, así no vamos a andar en fracaso, pero en victoria. Tenemos que echarnos de valor y apoderarnos de la Palabra de Cristo.

Nunca balla a la guerra con cuenta pendiente

Y las tribus de Israel enviaron varones por toda la tribu de Benjamín, diciendo: ¿Qué maldad es esta que ha sido hecha entre vosotros? (Jueces 20:12-21 RVR 1960). Podemos ver que los Israelitas habían hecho maldad e iban a ir a la guerra. Uno no puede ir a una guerra cuando sabes que has hecho mal porque lo más probable que vas a perder. Por eso debemos tener toda cuenta saldada con Dios. Unas de las formas de saldar cuentan con Dios es pidiendo perdón, a Dios por todos los pecados. Tenemos que responder el daño echo. Deber a alguien es, tener la obligación de pagar o devolver una cantidad de dinero o material. Cuando los Israelita fueron a pelear no se acordaron de que había hecho lo incorrecto a Dios y perdieron la pelea. Cuando hacemos lo contrario a la Palabra de Dios, sabemos que no vamos a tener a Dios de nuestro lado. Allí tenemos que entender que vamos a pelear la guerra sola. Es con Dios que ganamos las guerras, cuando estamos bien delante de Dios. Porque cuando estamos bien con Dios y hacemos lo recto, entonces sabemos que Dios nos oirá y nos ayudará.

La vida victoriosa con Cristo

Porque de tal manera amó Dios al mundo, que ha dado a su Hijo unigénito, para que todo aquel que en él cree, no se pierda, más tenga vida eterna (Juan 3:16 RVR 1960). Sabemos que todos somos pecadores, la Palabra dice, que no hay ni uno. Entonces tenemos que echar todo pensamiento bajo la cruz, Cristo nos dijo que somos nuevas criaturas. Entonces cojamos en serio, la salvación, dejando el viejo hombre atrás, y remontémonos hacia lo que Dios tiene para nosotros. Podemos vivir una vida victoriosa con Cristo. Debemos leer la Biblia y orar (Mateo 6:5-15 RVR 1960). Hay victoria en la oración y mucho conocimiento leyendo la biblia. La oración y la lectura de la palabra nos ayuda a volar como el agila, nos ayuda andar en victoria. La altura nos lleva a una altura mayo y nos lleva habitar y morar en la peña, la cumbre de la pena, la cual es la roca y la roca es Cristo Jesús.

Porque yo se los pensamientos que tengo acerca de vosotros dicen Jehová, pensamientos de paz, y no de mal, para daros el fin que esperáis (Jeremías 29:11). Este habitará en las alturas; fortaleza de rocas será su lugar de refugio; se le dará su pan, y sus aguas serán segura (Isa. 33:16 RVR 1960).

Una vida íntima con Dios nos lleva a la victoria en Cristo porque la santidad se logra en la intimidad. Haced morir, pues, lo terrenal en vosotros: fornicación, impureza, pasiones desordenadas, malos deseos y avaricia, que es idolatría; cosas por las cuales la ira de Dios viene sobre los hijos de desobediencia (Colosenses. 3:5-6 RVR 1960). Dios nos da la victoria cuando La ve nuestro esfuerzo. La primera vez que subí al Monte Sinaí en Egipto, me parecía que no lo lograría, pero me esforcé, y lo logre. Fue maravilloso sentirme en la cumbre de esa montaña. Cristo es nuestra roca y la intimidad con Dios debe ser nuestro estilo de vida.

Para andar en victoria debemos de administrar bien el tiempo. El tiempo de Dios debe de ser primero porque Dios nos dará estrategias de como andar de victoria en victoria. Al conocer la voluntad de Dios en la Biblia y con la oración, Dios va a soltar la Palabra porque allí estaremos en victoria.

El despertarse o volviendo en sí

Y volviendo en sí, dijo: ¡Cuantos jornaleros en casa de mi padre tienen abundancia de pan, y yo aquí perezco de hambre! Me levantare e iré a mi padre, y le diré: Padre, he pecado contra el cielo y contra ti. (Lucas 15:17-18 RVR 1960). Cuando ponemos nuestros ojos en Jesús, entonces vamos a volver en sí. Es cuando cambiando la mirando hacia otro lado, entonces no podemos ver el milagro. Cuando quitamos la mirada de Cristo, allí vemos solo problemas. Cuando descubrimos que somos hermosos en Cristo Jesús, entonces nos damos cuenta de que somos más que vencedores. Cuando despertamos nos damos cuenta quien somos y dejamos de ser esclavos de cosas vanas. También es necesario de parar de vernos como una víctima de este mundo. Veamos que fuimos creado con propósito bueno de parte de Dios. Tu eres una joya de arte en las manos de Dios. Ya tú tienes todo lo que necesita para que puedas superarte en esta tierra, Cristo te lo dejo en la cruz del calvario. Cuando despiertas, sabes que tienes potencial y que eres un ser espiritual. Dios te acepta, te levanta, restaura, te da amor, te reenfoca en tu bendición.

Cuando despiertas ya no tienes necesidad de sentirte insegura porque Dios esta con tigo. Su amor nunca se separará de ti. Cuando despiertas te das cuenta de que tus pensamientos solo fueron tu opinión y no los de Dios. Muchas veces nos sentimos solos en esta tierra, pero recuerda las promesas de Dios, tu fuiste creado para gozarte de lo que Dios creo en la tierra. Cuando reconocemos en que hemos fallado para con Dios, allí debemos pedir perdón. Dios es justo y fiel para perdonar. Dios está en control de todo. Cuando no perdonamos es como si estamos cielos no vemos bien las bendiciones a nuestro lado. El perdón nos ayuda a ser libres de ataduras, entonces podremos amar y ver las cosas a nuestro alrededor diferente.

La Palabra nos dice que oremos sin cesar. La oración libertad al cautivo nos pones por sendas de bendiciones. No importando cuantos problemas tengamos, o quizás nos hayamos rendido es menester que volvamos en sí, que despertemos y sabremos que no estamos solos. La verdad es que Dios nunca se fue, El siempre ha estado allí, somos nosotros que nos vamos de su lado. Debemos seguir creyendo que lo que Dios dijo, Él lo hará. Es importante dejarnos lavar con la Palabra, en el nombre de Jesús, la cual limpia como la blanca nieve. Debemos de levantarnos que con Cristo tendremos la victoria.

El Señor nunca nos desechara, si volvemos arrepentirnos de corazón. Jesús es fiel para perdonarnos y volver a levantarnos. Recordemos que el hijo prodigo, se arrepintió, él se dio cuenta que donde el padre, el no pasaba hambre y que verdaderamente tenía más. Así, mismo cuando hacemos cosa que a Dios no le agrade, entonces debemos venir a donde Cristo, y pedir perdón y no pecar más o no volver hacer lo malo. El Espíritu Santo siempre esta presto para ayudarnos a pasar al otro lado. Creo de corazón que muchas veces nos enfocamos en las cosas erróneas, cuando quitamos la mirada de lo que Dios dice que hagamos, entonces sufriremos fracasos. Dios allí nos dejara que resolvamos solos, hasta que pidamos perdón de corazón. Cuando estamos bajo la guía de Dios, bajo su manto, bajo su propósito, entonces tu sabrás que allí, Dios vendrá a salvarte, aunque allá problemas porque Dios te guiara y te casara en victoria. Es importante que sepas si estas bajo la voluntad de Dios, en propósito la cual El te creo. Si no sabes el propósito ora mucho, lee la biblia para que ese desgano se valla y vuelvas en sí, para que despiertes de esas pesadillas y puedas ver la gloria de Dios en tu vida y los tuyos. Solos los valientes arrebatan el reino de los cielos. Entonces vamos a prepararnos de día en día para lograr esa victoria que ya es nuestras.

Que hacer, cuando no sé qué hacer

No podemos rendirnos, aunque veamos el problema de frente a nosotros. La Biblia es un libro de receta para obtener la victoria en nuestras vidas. Cuando venimos arrepentidos de todo mal que hayamos hecho, Dios es justo para perdonarnos. Es entonces que Dios nos da la armas para poder ganar la batalla, ósea Dios nos da la vitoria en peticiones que hayamos hecho. Cuando no sabemos qué hacer con los problemas la única solución como cristianos es venir humildes ante Dios y pedir perdón para que Él nos escuche. Cuando no sabemos que hacer y estamos confundidos lo mejor es esperar en la respuesta de Dios. No podemos tomar decisiones rápidas porque eso puede traer más problemas. Cuando tenemos cuentas salvadas con Dio sabemos que vamos a salir victoriosos. Por eso es importante que no vallemos a la guerra sin antes saldar alguna cuenta con Dios. La Biblia nos dice que solo los valientes arrebatan el reino de los cielos, por eso debemos de comprender que con Cristo de nuestro lado somos más que vencedores. Es por eso, que tenemos que andar en toda la voluntad de Dios, andando bajo su propósito sabemos que tenemos el respaldo de Dios que, aunque haya problemas Dios nos cruzara a la victoria.

Si hemos arreglado cuenta con Cristo, ejemplos son con nuestras familias, amigos allí podemos decir que podemos ir a la guerra y que Dios vencerá todo obstáculo. Si Dios con nosotros quien contra nosotros. Tenemos que arreglar las cuenta con Dios, pedir perdón a Dios primeramente y a otras personas. Debemos dejar que Dios nos arregle, así podemos ir con manos limpias y eso será el puente para que Dios oiga nuestros ruegos. Dice la palabra, que un corazón contrito, no desprecia Dios. Tenemos que hacer como el conejo, él se esconde en la roca, así nosotros debemos escondernos en la roca que es Jesucristo. Solo así, podemos estar a salvo de todo mal. Cuando nos escondemos en Cristo él nos da las armas como pelear la tentación, el problema que tengamos y siempre Él nos dará la victoria porque Cristo nunca ha perdido por eso podemos estar seguro, que escondidos en la roca con Cristo ganaremos.

El Matrimonio

Honroso sea en todos los matrimonios, y el lecho sin mancilla; pero a los fornicarios y a los adúlteros los juzgará Dios (hebreos 13:4 RVR 1960). Matrimonio en latín es: *matrimonian*, la cual es una institución social, que representa una gran cantidad de culturas. El matrimonio establece unión conyugal la cual está reconocida. La cual se hace con prácticas comunitarias y normas legales, religiosas y morales. Es importante que cuides tu relación de matrimonio con tu pareja. El matrimonio es sagrado ante los ojos de Dios, entonces quiere decir que es super importante que pongamos todo nuestro esfuerzo para que sea el mejor matrimonio. Ser honesto con uno mismo hace que veamos donde estamos fallando, entonces así podemos arreglar cual quiera problema con tu pareja, atreves Palabra.

La comunicación con tu pareja es muy importante. Es algo así, como cuando tú piensas en Dios y meditas en la Palabra de Dios. El respetarnos mutuamente es tan necesario como pedir perdón para que el corazón se sane. El respecto hace que nuestros hijos vean que así también ellos tienen que actuar. El amor no se obliga, hay que dar el ejemplo que tú quieres que sea haga, es como dar la libertad para que la persona no se sienta obligada. Dicen por ahí, que las acciones valen más que las palabras o como dice la Palabra por los frutos los conoceréis. Para tener resultados positivos en el matrimonio tenemos que ser el primero de dar buen ejemplo, de pedir persona por los malentendidos.

Es importante tener mucha paciencia. Es normal que cuando hay dos personas que vienen de diferentes culturas van a tener mal entendidos. Por esto hay que tener en cuenta la manera del crecimiento, los hábitos que tienen. Cosas que hay cambiar para que nuestra pareja no se sienta despreciada o aislada.

No tomes las cosas de una forma negativa para que la amargura no se quede en su corazón, allí es fácil perdonar. La verdad que todos hemos herido a alguien en algún tiempo. Todos hemos pecado, no hay ni uno. Por tanto, tenemos que recordar la Palabra, leerla, y leer libros que nos ayuden a crecer como cristianos, como esposo o esposa maravillosos. La verdad es que la Palabra dice, todos perecen por falta de conocimiento. Entonces vamos a aprender cosas hermosas. Aunque muchas veces no nos guste leer, tenemos que adoptar hábitos buenos que ayuden a nuestro matrimonio y en la vida. En 1 corintios 13, habla del amor, sabemos que el amor lo puede todo. Dios, Jesucristo vino para darnos vida en abundancia. Jesús por amor se dio totalmente para que tengamos vida eterna.

Por amor somos salvos, así mismo por amor somos perdonados y podemos tener comunión con Cristo. Así mismo por amor podemos amar al esposo/a, podemos perdonar y creer que Dios puede arreglarlo todo. Si creemos con fe sabemos que todo va a estar bien. Cristo nos dio el poder para ser más que vencedores en Cristo Jesús. Si oramos en la voluntad de Dios y creemos, Dios lo horrará y su voluntad es que tengas un matrimonio bonito. Dios no da más carga que no podamos cargar. Jesús lo dijo, todo lo podemos en Cristo que me fortalece. Dios convoco el matrimonio desde el comienzo, Adam y Eva, porque es bueno, donde hay dos el otro le da la mano y lo levanta. Dios no quiso que estuviéramos solos por eso creo a la mujer.

Viviendo para Dios

De modo que, si alguno está en Cristo, nueva criatura es; las cosas viejas pasaron; he aquí todas son hechas nuevas (2 Corintios 5:17 RVR 1960). Cuando deseamos vivir para Cristo, dejamos ir tantas costumbres o hábitos malos y adoptamos nuevos hábitos buenos. Cuando le agradamos a Dios, también le agradamos a nuestras familias. En Cristo somos bebes, así como se le da de comer a un bebe, así el Pastor te va a ensenar la Palabra. Allí vas a crecer a la estatura de un creyente maduro. entonces cuando tú te dispone hacer lo que dice la palabra entonces, tu crece y vienes hacer a la imagen de Dios porque la Palabra nos va moldeando. Cunado maduramos como cristianos entonces es que llegaremos a la perfección de Cristo. Mientras tanto tenemos que venir ante Jesús día a día atreves de la oración. Dios nos da nuevas misericordias todos los días.

Un espíritu quebrantado

Los sacrificios de Dios son el espíritu quebrantado; Al corazón contigo contrito y humillado no despreciaras tú, oh, Dios (Salmos 51:17 RVR 1960). Dios no desprecia a los de corazón contristo, pero a los de altivo corazón los mira de lejos. Cuando venimos a Dios con un arrepentimiento verdadero, entonces es que tenemos un espíritu quebrantado, allí reconocemos que le hemos faltado a nuestro Dios. El no desprecia a quienes reconocemos que le faltamos y que queremos hacer rectificación debida.

En el camino de Dios, tenemos que aprender a ser diferente, no solo por nosotros mismos, pero también por aquel que nos rodea, como familia, amigos, escuela, trabajo, o iglesia. Porque, si no cambiamos entonces estamos negando que Jesús está en nuestras vidas. Es necesario, que sigamos aprendiendo la palabra de Dios, que oremos mucho y aprender de libros que nos ayuden a crecer en el camino de Dios.

Usando el don que Dios te dio

Por lo cual te aconsejo que avives el fuego del don de Dios que está en ti por la imposición de mis manos (2 Timoteo 1:6 RVR 1960). El Don de Dios es dado por Dios y es gratis. El don de Dios se usa para la gloria de Dios en esta tierra, es para equipar, preparar, librar a las personas. Él mismo constituyó a unos, apóstoles; a otros, profetas; a otros, evangelistas; y a otros, pastores y maestros, [12] a fin de perfeccionar a los santos para la obra del ministerio, para edificación del cuerpo de Cristo, [13] hasta que todos llegaremos a la unidad de la fe y del conocimiento del Hijo de Dios, a un varón perfecto, a la medida de la estatura de la plenitud de Cristo (Efesios 4:11-13 RVR 1960). Los dones son regalos espirituales que Dios te regala a sus hijos para que sean usados en la iglesia.

Todos los cristianos tenemos, por lo menos un don de Dios. El Espíritu Santo distribuye los dones. Recordemos que la trinidad es una, puedes leer más en (1 Corintios 12:11). La Palabra os insta a pedir dones (1 Corintios 12:31). Todos tenemos algo especial de parte de Dios. Debemos ver donde somos buenos y eso lo puedes usar para engrandecer el reino de Dios. Si eres maestro de escuela bíblica, predicador, o si eres bueno con los negocios, eso te lo dio Dios. Debemos de valorar el don que Dios nos ha dado y debemos ejercerlo para que otros sean bendecidos.

El Odio

El odio despierta la rencilla; Pero el amor cubrirá todas las faltas (Proverbios 10:12 RVR 1960). El odio es un sentimiento que te insta hacer daño a otra persona. Cuando uno odio, eso hace envejecer porque tu energía la cual te desgastas. También físicamente te puede dar ulceras en el estómago. Has oído que el odio aparta los mejores amigos. Las personas que odian dan excusas del porque odian. Te darás cuenta de que las personas que odian han tenido problemas de que le hirieron a ellos mismo emocionalmente, físicamente, o económicamente creen que eso les da la autoridad para herir a otros. Es algo como cuando una persona se quiere desquitar con otra porque le hizo algo. Bueno nada de esto es de Dios. Debemos arrepentirnos y tomar la senda del perdón y el amor de Cristo.

Debemos perdonar aquellos que nos han hecho daño u ofendido. Cuando perdonamos somos establecidos por Dios y Él nos bendice. No podemos darle el poder de a esas personas que nos ofendieron. El odio trae problema a la vida familiar, iglesia, y el trabajo. Lo mejor es que debemos de acordarnos de donde Jesús nos sacó para que podamos tener misericordia y también podamos perdonar a otros.

Para no odiar hay que dejar que Dios nos transforme por la renovación de la Palabra. Hay que recordar que el odio hace la gente infeliz. La receta de la felicidad para el cristiano es el perdonar aquellas vidas que nos hacen la vida imposible. Debemos dejar que la Palabra nos moldee. Debemos aceptar el amor de Dios en nuestras vidas y dejar fluir su amor a través de nosotros. Cuando aceptamos el amor de Dios en nuestros corazones entonces es que podemos amar a otros, aunque nos hayan hecho daño.

Cuando la persona que te hiere los sentimientos sigue entonces el distanciarte ayuda. Debes evadir esa persona, ve a caminar distrae tu mente con cosas buenas. El recordar las promesas de Dios te ayudara muchísimo. Tambien si has perdonado y has rechazo todo palabras que tu hayas dicho, entonces Dios te dará el poder para que rehúses esas cosas de tu vida. Y a ti te daré las llaves del reino de los cielos; y todo lo que atares en la tierra será atado en los cielos; y todo lo que desatares en la tierra será desatado en los cielos (Mateo 16:19 RVR 1960). Sabemos que vamos a Dios, pero también tener personas de confianza para hablar y para conversar es bueno.

Los Chismes

El que anda en chismes descubre el secreto: No te entremetas, pues, con el suelto de lengua (Proverbios 20:19 RVR 1960). El chisme en la cultura hebrea es alguien que revela secretos. Esa persona tiene información privada que después la revela. Cuando una persona es chismosa quiere hacerse grande a si mismo por medio de los chismes. Podemos ver el ángel favorito de Dios, que fue echado a la tierra, él quería exaltarse así mismo.

El chisme ha hecho que muchas iglesias se dividan. Los chismes han hecho que ciertos matrimonios se divorcien. Seamos humilde y recibamos la corrección de Jesucristo. Sigamos aprendiendo de la Palabra que nos dice que seamos prudente. La boca del necio es quebrantamiento para sí, y sus labios son lazos para su alma. Las palabras del chismoso son como bocados suaves, y penetran hasta las entrañas (Proverbios 18:7-8 RVR 1960). La verdad que nuestros hijos están viendo lo que hacemos y ellos también aprenderán lo que ven, los chismes.

Sin lena se apaga el fuego, y donde no hay chismoso, cesa la contienda (Proverbios 26:20 RVR 1960). Es importante de alejarnos de los chismosos, debemos poner las cosas en claro para que el chisme pare. No todas las personas son discretas, por eso no se le puede decir ciertas cosas a ciertas personas.

La palabra dice, la lengua es tan pequeña, pero puede hacer mucho daño. Como creyentes debemos de usar la lengua para hacer el bien y no mal. Podemos entrenar la lengua. No se puede tomar a pecho cuando alguien hable mal de ti. No podemos dejar que nuestra autoestima dependa de lo que otros digan.

Lo que se ama se cuida

Los chismes impiden que las bendiciones de Dios caigan sobre nuestras vidas, así que dejemos el hombre viejo y seamos luz en medio de las tinieblas. (Pues el que no sabe gobernar su propia casa, ¿Cómo cuidara de la iglesia de

Dios? (1 Timoteo 3:5 RVR 1960). Si realmente te importa la salvación que Cristo te dio, entonces tienes que cuidarla.

Es importante cuidar las cosas que Dios nos ha entregado en nuestras manos, así como tu cónyuge, la familia, tu vida espiritual, tu trabajo, tu iglesia, tu ministerio. La verdad que si tu ama de verdad a Dios, vas a cuidar lo que se te entrega en las manos, simplemente porque Dios te amo a ti primero. Cuando amamos de verdad, allí nuestro sentido es tocado y podemos valorar, amar, cuidar lo que se nos entrega. No os conforméis a este siglo, sino transformaos por medio de la renovación de vuestro entendimiento, para que comprobéis cual sea la buena voluntad de Dios, agradable y perfecta (Romanos 12:2 RVR 196). Para que podamos cuidar lo que amamos, tenemos que darle el valor que se merece. Tenemos que recocer que lo sembramos cosecharemos sea bueno o malo. Atraves de la oración y la Palabra, ella nos transformará y hará que tengas el amor necesitado para que cuides lo que Dios te dio.

Un Amigo

En todo tiempo ama el amigo, y Es como un hermano en tiempo de angustia (Proverbios 17:17 RVR 1960). Tenemos que ser amigos en todo tiempo. El Señor Jesucristo nos dio la definición de un verdadero amigo: Nadie tiene mayor amor que este, que uno ponga su vida por sus amigos. Vosotros sois mis amigos, si hacéis lo que yo os mando. Ya no os llamaré siervos, porque el siervo no sabe lo que hace su señor; pero os he llamado amigos, porque todas las cosas que oí de mi Padre, os las he dado a conocer (Juan 15:13-15 RVR 1960). Jesús es el ejemplo puro de un verdadero amigo, porque

Él puso Su vida por la humanidad. Cuando confiamos en Jesús como único Dios personal, venimos hacer su amigo. El ejemplo de una amistad verdadera entre David y Jonatán. La Palabra nos recuerda que, para tener un amigo, uno debe ser un amigo. Un amigo es alguien en quien tú puedes confiar con completa confianza. Un verdadero amigo no quiere lastimar a su amigo. Es importante orar a nuestro Señor Jesucristo para que nos guarde el corazón y así podamos ser un amigo fiel.

Cuando me pongo en la brecha

Y busqué entre ellos hombre que hiciese vallado y que se pusiese en la brecha delante de mí, a favor de la tierra, para que yo no la destruyese; y no lo halle (Ezequiel 22:30 RVR 1960). Esto es familiar en mi vida, la verdad que muchos años atrás, Dios me dio el trabajo de estar en la brecha por mis hermanos en Cristo y por la familia. Por temor a Dios cogí enserio el de ponerme en la brecha. Descubrí que no es solo orar por aquellas personas que Dios pone en el corazón. He podido sentir el dolor de otras personas, así como cuando fuimos a Guatemala para hacer trabajo misionero, pude sentir sus dolores. Allí vimos la necesidad en vivo, entonces vi que las quejas nuestras ya no importaban. Las necesidades nuestras desaparecen cuando nos enfocamos en las necesidades del hermano.

Es cuando pensamos en las necesidades del prójimo que nuestros problemas se hacen pequeñitos. He podido aprender que cuando uno se pone en la brecha, uno ora por aquella persona con dolor de parto. Cuando tú te pones en la brecha, ahí tú coges el dolor y la necesidad de esa otra persona y la haces tuya. Así como nuestro Jesucristo se puso en la brecha por la humanidad. Es entonces que Dios hace los milagros y prodigios. Así como cuando Moisés hablaba con Dios, el siempre intercediendo se ponía en la brecha por los Israelitas y porque Dios vio que alguien se puso en la brecha por desobediencia entonces Dios tuvo misericordia. No podemos desmayar y debemos seguir orando por más intercesores que se pongan en la brecha por nuestras iglesias, familias, naciones. Si se humillare mi pueblo, sorbe el cual mi nombre es invocado, y oraren, y buscaren mi rostro, y se convirtieren de sus malos caminos; entonces yo oirá desde los cielos, y perdonare sus pecados, y sanare su tierra (2Cronicas 7:14 RVR 1960). Pensando como Cristo

Alta esta para el insensato la sabiduría; En la puerta no abrirá la su boca (Proverbios 24:7 RVR 1960). Este proverbio nos ensena que nos convertimos en lo que pensamos. Para caminar en victoria verdadera como cristiano, nuestras mentes deben ser renovadas de acuerdo con la Palabra de Dios. Es importante meditar y preguntarte, ¿Como piensa Cristo y como puedo pensar como El? A medida que aprendemos a pensar como Dios piensa, cambiamos la depresión y la desesperanza por gozosa expectación, Dios cambia nuestro lamento en baile a través de la comunicación con El. El cristiano debe derribar todo pensamientos erróneos y reemplazarlos con pensamientos que Dios aprueba.

La mente es el campo de batalla en el cual nuestra mente tiene que guerrear en contra de Satanás. Cuando le damos nuestras vidas a Cristo para que seamos sanados y podamos ganar las bendiciones ya ganadas por Cristo en la cruz del calvario, entonces es que podemos vencer otros obstáculos en la vida. Satanás es un mentiroso y un engañador. Sus mentiras llegan a ser nuestra realidad sólo cuando las creemos. Debemos de estar positivos en todo tiempo, aunque a veces la realidad sea lo contrario. Debemos creer que Jesús tiene todo en control y que toda obra para bien para aquellos que aman al Señor. No permita que su mente sea un nido para la basura de Satanás y, en cambio, fuerza su mente hacer disponible para las ideas de Dios. Entonces, allí usted disfrutará de una vida digna de vivir y tendrá el testimonio de llevar buenos frutos para la gloria de Dios. Todos podemos adoptar nuevos hábitos, nuevos pensamientos de vida, adoptaremos una personalidad, un carácter más como Cristo, un temperamento que no sea movible por el viento. No podemos aferramos a viejas maneras de pensar. Cuando dejamos que Jesús nos de su mente, allí nada nos vence.

El miedo vs. Temor a Dios

Mira que te mando que te esfuerces y seas valiente; no temas ni desmayes, porque Jehová tu Dios estará contigo en dondequiera que vayas (Josué 1:9RVR 1960). Cuando a uno le da miedo los sentimientos se estremecen, cuando un se preocupa la imaginación trae cosas negativas a la mente, es por eso por lo que hay que estar bien orado. El miedo puede ser fisiológico o emocional. El miedo bueno te puede ayudar a sobrevivir, porque ese miedo positivo nos alerta ante amenazas. Así como tú quieres salir de tu casa, pero algo te dice que no. Como podemos ver hay diferentes clases de miedos. Debo de explicar primeramente que el temor al Señor es bueno, esta clase de temor no es necesariamente miedo o que signifique estar temeroso de Dios.

El temor a Dios es un temor reverencial por Su poder y su gloria. Es respeto por Su ira y enojo, esto se puede ver en Revelaciones. Cuando reconocemos que Dios lo es todo, allí tenemos reverencia a Dios, ese temor que es poderoso. Cuando desarrollamos una relación de hijo, de amigo con Dios, allí le conocemos más, allí conocemos Sus atributos. Obtenemos bendiciones y beneficios de parte de Dios cunado le conocemos y tenemos el temor a Él. El principio de la sabiduría es el temor de JEHOVÁ; buen entendimiento tiene todos los que practican sus mandamientos; Su loor permanece para siempre (Salmos 111:10 RVR 1960). El temor de JEHOVÁ es para vida, y con él vivirá lleno de reposo el hombre; no será visitado del mal (Proverbios 19:23 RVR 1960). Para vencer el temor necesitamos confiar y amar a Dios completamente.

Es por eso por lo que Él ha esparcido generosamente aliento contra el temor a través de La Palabra. A menudo tememos temor del futuro y lo que será de nosotros. Dios prometió estar con nosotros hasta el fin. Una vez que hayamos aprendido a poner nuestra confianza en Dios, ya no tendremos temor de las cosas que vengan contra nosotros. Cuando tenemos el miedo bueno, ese temor nos ayuda a salir corriendo de problemas, así como lo hizo con José y la mujer de Potifar quien trato de seducir a José. Vemos que el temor a Dios, le ayudo a correr de esa mujer. Pero veamos el temor malo, el estar en desesperación con miedo de cosas y sin Dios, bueno ese miedo, ese temor si es terrible. Por eso es importante que como cristianos nos agarremos de la salvación de Cristo Jesús y de su Palabra que nunca cambia.

Dios dijo, que seamos valiente que El estaría con nosotros hasta el fin, Cristo nos dejó El Espíritu Santo para que nos ayudara, nos guiara a toda justicia y toda verdad de su Palabra. Los miedos infundados tienen que ser contra restados con la Palabra de Dios. Muchas veces hemos pasado por crisis, momentos malos en nuestras vidas y esas crisis nos llena de temores causados por la vida. Aun con esos temores o miedos debemos de entregárselos a Cristo, Él es quien sana. Jesús cambia nuestros lamentos en baile.

Los temores, traumas que otra gente causo a nuestras vidas que quizás por ignorancia o quizás con intención, eso también Dios se lo puede llevar y podemos ser libres. Cristo es fiel para perdonarnos nos hace nuevas criaturas. La Palabra nos dice que, Cristo borra todo pecado y lo tira a la mar. Que hermoso pensar que podemos confiar totalmente en Dios y que nunca nos fallara. Podemos vivir feliz sabiendo que podemos agarrarnos de la Palabra de Dios y saber que Cristo dio su vida para que nosotros obtuviéramos los tesoros de los cielos.

La inestabilidad emocional

El hombre de doble ánimo es inconstante en todos sus caminos (Santiago 1:8 RVR 1960). La inestabilidad emocional es una disfunción en nuestra química de nuestra mente, esto puede llegar a ser un trastorno mental. Se sabe que una persona es inestable cuando cambia de sentimientos o cuando el estado de ánimo varia constantemente. La inestabilidad emocional tiene que ver con el descontrol de nuestras emociones que no se puede controlar. Pero sabemos que Dios es fiel y justo para ayudarnos en tiempos de desesperación. Jesús controlo el mar, Él puede controlar nuestras tempestades también. Yo diría que la inestabilidad tiene causas escondidas como el coraje, el enojo dentro del corazón. Un ejemplo, es el enfado con tu esposo, familiares, personas en tu trabajo o con nuestros amigos.

La inestabilidad emocional provocará la dificultad de establecerte en un sitio. La inestabilidad grabe es cuando uno hace malas decisiones. Por eso si crees en Dios, tienes que orar y esperar que Dios te diga que decisión tomar. La Palabra siempre te dará buenas soluciones a tu vida. Las emociones descontroladas tomarán las decisiones por nosotros, y el resultado es inestabilidad con todo.

Las emociones no descontroladas serán a veces las que dominen el rumbo de nuestra vida, con las consecuencias tan tristes porque no nos dejan ser felices. El conflicto interno que padecen estas personas consigo mismas pueden llegar a ser los causantes de mucho dolor emocional. Cuando se dan cuenta de que perdieron el control de sus vidas, entonces es que se dan cuenta el error que hicieron. Sabemos que para Dios no hay nada imposible. Por eso, debemos poner nuestras cargas en las manos del Señor Jesucristo.

El enfocarse

Reconócelo en todos tus caminos, Y él enderezará tus veredas (Proverbios 3:6 RVR 1960). Cuando reconocemos que Dios está en control de nuestras vidas y le ponemos todo nuestro plan en sus manos, entonces sabremos que podemos confiar que nos ira bien. Cuando nos enfocamos, persistimos e insistimos en hacerlo. Vamos a enfocarnos en lo que Dios quiere que hagamos. Es importante disciplinar nuestros pensamientos para poder enfocarnos. Sea que te estas enfocando en planes buenos para tu vida o en la Palabra de Dios, tienes que darte el tiempo para hacerlo. Podemos moldear la mente automáticamente, cuando practicamos a diario, después de la practica viene una costumbre nueva y buena.

Cuando te enfocas en tus planes buenos, tu visualizas lo que deseas no lo que quieres cambiar. Usualmente escribiendo en un papel lo que quieres hacer, es ahí que tú te enfocaras mejor. Para enfocarte tienes que reforzar ciertas cualidades en tu vida. Aunque muchas veces nosotros no tengamos ciertas cualidades o hábitos buenos podemos adoptarlos. Aunque vivimos en una sociedad tan ocupada, no podemos perder el enfoque de las bendiciones que ya Dios que tendríamos o de los planes buenos que tenemos. No podemos olvidarnos del tiempo para Dios primero, ese es un enfoque prioritario porque con Dios tendremos la victoria en todo lo que emprendamos.

Así el resto de las cosas de este mundo que nos preocupen caerá en posición perfecta de acuerdo con lo que Dios quiere hacer con nosotros. Sabemos que cada persona tiene necesidades diferentes, entonces debemos adoptar la forma que funciona para nosotros para poder enfocarnos. Podemos usar la memorización de versos bíblicos, esto te ayudara a estar enfocado en Dios. Así como la tarea, que el maestro nos dice cuando hay que entregarlas.

También puedes usar un calendario la cual pueden adaptarse y hacer habito de ellas. Cuando desarrollamos prácticas que es de beneficio para nuestras vidas espiritual y para las cosas que debemos hacer, entonces podemos estar más enfocados y sabremos que tendremos la victoria.

Yo diría que es una forma de rendirse – rendirse a Jesucristo, a Dios. Cuando nos distraemos en lo que es vano, en lo negativo, entonces corremos el peligro de desenfocarnos y por ende podemos hacer decisiones indebidas. Recordemos la historia de Israel que fueron a la tierra prometida y no pudieron cruzar porque tuvieron muchas dudas y se confundieron y por resultado se desenfocaron.

Joven y cristiano

¿Con qué limpiará el joven su camino? Con guardar tu palabra (Salmos 119:9 RVR 1960). El joven cristiano debe recordar la gracia de Dios, es importante leer la biblia, orar, y sobre todo mantenerse puro sexualmente, después de todo eres el templo del Espíritu Santo. El joven necesita mantenerse ocupado con cosas buenas que edifiquen tu vida, así como estudiar la Palabra o libros edificante. Escoge amigos que sean temerosos de Dios para que te añadan a tu vida, así te ayudaran alcanzar el destino, el propósito que Dios tiene para ti.

Es importante que sigas siendo humilde, madura y no seas como los demás jóvenes. Recuerda que se conviertan ellos a ti, y tú no a ellos. Recuerda que eres linaje escogido. Aunque se te rían recuerda que también se le burlaron y escupieron a Cristo. Cuando amas a Dios de corazón y tienes temor, El enderezara tu destino para que des fruto bueno y serás bendecido. Encontraras obstáculos en la vida porque Cristo también los tuvo, pero recuerda que con Dios de tu lado nada te podrá vencer y todo obrará para bien. Joven solo recuerda que servirle a Dios es mejor que al mundo. El mundo es pasajero. Espera y sed valiente porque tu Dios esta con tigo.

El abuso

Hay varias clases de abuso, pero aquí hablaremos del abuso sexual que podemos ver que existe en muchas culturas. En el Antiguo Testamento también se encuentran historias de abuso sexual, violaciones, e incesto. Hay pasajes en la Biblia que le llaman pecado a la agresión sexual como en (Deuteronomio 22:25-27). El sexo fue creado por Dios como un regalo para el hombre y la mujer cuando están casados. Es importante recordar que aun dentro del matrimonio la relación íntima debe ser realizada con pureza. Dice La Palabra, Honroso sea en todo el matrimonio, y el lecho sin mancilla; pero a los fornicarios y a los adúlteros los juzgará Dios (Hebreos13:4 RVR 1960). Cuando hay abuso físico o emocional afecta a esa persona y a las relaciones interpersonales.

Tuve la oportunidad de investigar un poquito sobre la población que es abusada. De acuerdo con la encuesta, las mayorías de las mujeres en un sitio de desamparadas son abusadas. También Como resultado ellas han usado drogas. Pude observar a varias de ellas y noté su desinterés a la vida. Tenían mirada que mostraban un bloqueo hacia todo a su alrededor.

La verdad que con Cristo es posible rehabilitarse del abuso. Para poder ayudarles a las personas abusadas, hay ayudarles aceptar lo que les paso. Después es necesario comenzar a darle una serie de consejería con la Palabra de Dios. Yo diría con todo respeto a todos los profesionales de la materia, que sin Cristo siendo el centro de toda práctica será una consejería superficial. Es con el poder que quita cosas de raíz. La Palabra dice que somos verdaderamente libres en Cristo Jesús.

El desaprender hábitos que nos han hecho caer en abusos coge tiempo, aun con Cristo consejería de abuso cogerá tiempo y mucho amor para ese llamado. El agarrarnos de Cristo ayuda para poder programar nuestra mente con la Palabra, así podremos ser transformados de dolor a vida. Debemos de tener cuidado de no obligar a nadie a coger consejería. La persona tiene que querer ser restaurada. Vemos que Cristo no obliga a nadie a amarle. Si la consejería es obligada la persona cerrará su corazón y la consejería será en vana.

Cuando uno de buena voluntad busca consejos, ahí Dios podrá obrar. Es importante no obligar al abusado a leer la biblia o decirle ten fe. Hay que ayudarle a conocer a Cristo y entonces ofrecerle la consejería. Recuerda que, si eres el abusado o el consejero, si hay abuso de golpes, maltrato físico eso hay que comunicarlo a las autoridades. No puedes esperar que pase algo peor. Personalmente debemos de ser sinceros con nosotros mismos y hacerles frente a nuestros propios dolores de abusos. Primeramente, es necesario perdonar al que ha hecho el abuso, eso es para nuestro propio bienestar emocional y es necesario perdonarme uno mismo. Entonces allí reconocemos que Dios nos hizo únicas o únicos.

Recordemos que ya Dios tiro tus pecados en lo profundo de la mar. Es importante que nos demos cuenta cual es el problema verdadero para saber cómo debemos orar. Sabemos que El Espíritu Santo nos puede mostrar que tenemos que cambiar y a quien tenemos que perdonar. Ya Cristo nos hiso libre de conflictos internos, problemas emocionales, solo debemos tener creer. Es importante agarrarse de la Gracia de Dios. Jesús nos dio un ejemplo de cómo orar. Tenemos que dejar que la gracia llegue nuestros sentimientos y dejar ir el tormento del abuso, los resentimientos, el odio, culpabilidad, o ansiedad se vallan.

Si perdonas serás libre, así como dijo Jesús, que venga a Él, el que este cansado y cargado. Podemos ser felices con Cristo de nuestro lado. Podemos ser restaurados y estar seguros del amor de Cristo. Entonces podremos dar amor incondicional y perdonar al ofensor. Cristo nos ve perfectos y nos ama que dio su vida. Él nos entiende y podemos acercarnos con confianza al trono de la gracia divina de Jesucristo. Él fue menospreciado y traicionado. Los que debían de quererlo lo abandonaron. El Espíritu Santo nos ayudara con nuestras debilidades.

Que dice Dios del éxito

Guardaréis, pues, las palabras de este pacto, y las pondréis por obra, para que prosperéis en todo lo que hiciereis (Deuteronomio 29:9 RVR 1960). Vemos que con Cristo tenemos éxito verdadero porque sin Dios todo es vago. Cuando podemos ayudar a alguien a crecer espiritualmente allí nos sentimos exitosos. Para tener gozo, éxito verdadero en esta sociedad debemos de centrarnos en lo Dios quiere que hagamos porque así cumplimos su propósito en nosotros. Cuando nos enfocamos en las cosas equivocadas, lo que hagamos no dará fruto en abundancia. Como cristiano debemos reconocer que Dios es el que da el éxito y la victoria. El orar sin cesar y la Palabra tiene las recetas al éxito de nuestras vidas.

Como ser representante de Dios

Porque nosotros somos colaboradores de Dios, y vosotros sois labranza de Dios, edificio de Dios (1 Corintios 3:9 RVR 1960). El ser representante representa a otra persona y actúa como si fuera esa persona. El cristiano es representante de Jesús aquí en la tierra. Todo lo que hacemos tiene debe reflejar a Cristo atraves de nosotros. Sabemos que no hay nadie sin pecado, pero Cristo nos pido poder atraves de su muerte en la cruz. Si somos representantes de Cristo entonces vamos a sus mandamientos. El primer mandamiento habla de amar a Dios con todo tu corazón y con toda tu alma. Vemos que Dios es directo y especifico. Cuando intencionalmente deseamos amar a Dios, entonces es que podemos conocerle mejor, allí Él se revela a nosotros y logramos obtener lo que necesitamos para poder ser su representante aquí en la tierra. Cristo mismo dijo que somos linaje escogido y embajadores de su reino. Debemos de caminar y dirigirnos como lo que somos, pueblo escogido de Dios.

Somos la luz en medio de la tiniebla, por eso debemos alumbrar y reflejar a Cristo. Dejemos que Cristo nos moldee día a día. Ya las cosas viejas pasaron, ahora todas son hechas nuevas, hablo de nuestros comportamientos y hábitos que quizás impidan que seamos representante de Cristo. Debemos de reflejar a Cristo del modo que hablemos y nos comportemos como tal. Si dejamos que La palabra nos llene, nos cambie entonces podremos reflejar la gloria de Dios. Cuando somos vasos limpios, Dios nos llena del Espíritu santo y nos lleva de gloria en gloria.

Cuando Dios habla

Oirá el sabio, y aumentará el saber, Y el entendido adquirirá consejo (proverbios 1:5 RVR 1960). Primeramente, debemos pedir a Dios ser sabios, la Palabra dice, Y si alguno de vosotros tiene falta de sabiduría, pídala a Dios, el cual da a todos abundantemente y sin reproche, y le será dada (Santiago 1:5 RVR 1960). Es importante saber que Dios nunca nos dirá algo que vaya en contra de lo que ya se estableció en la Biblia. Él no puede contradecirse y Dios no va a ordenarnos algo que va en contra de sus principios. La manera más fácil para saber si Dios te hablo es leyendo y estudiando la Biblia. Al orar debemos pedirle al Espíritu Santo que nos ayude a discernir la verdad y nos ayude a conocer mejor a Jesucristo.

Nuestra capacidad para discernir la voz de Dios depende de cuán íntima sea nuestra relación con Él. Mientras más cerca del Espíritu Santo más capacidad de discernimiento, entonces estaremos seguros de lo que Dios nos quiere decir. El Espíritu Santo nos guía a toda justicia y verdad por eso con El haremos decisiones buenas. Cuando Dios nos habla podemos estar seguros de que todo nos hará bien. Aunque muchas veces no podamos ver lo que está frente de nosotros, si Dios te lo prometió y tú sabes que sabes que Dios dijo que si, entonces sabrás que tendrás la victoria.

La importancia de las decisiones

Muéstrame, oh, Jehová, tus caminos; *E*nséñame tus sendas. Encamíname en tu verdad, y enséñame, Porque tú eres el Dios de mi salvación; En ti he esperado todo el día (Salmos 25:4-5 RVR 1960). Debemos tener mucho cuidado como aconsejamos a otros, que tomen decisiones. No podemos hacer decisiones rápidas sin contarle a Dios primero. Debemos tener en cuenta lo positivo y lo negativo antes de tomar la decisión debida, pero antes ora que tendrás respuesta de Dios.

Es mejor esperar en la repuesta de Dios que apurarse a tomar una decisión loca. Es importante obtener pruebas para escoger antes de tu decisión. Después de haber tomado tu decisión de lo que tu decidisteis mantén tu mente positiva con fe que todo va a obrar para bien. Sabes me he dado cuenta atraves de los años que muchas veces uno pensando en lo que haría Dios, orar y decidir, entonces podemos tomar decisión. He aprendido a esperar porque si tomo decisión sin la voluntad de Dios, lo más probable que salga mal.

Muchos años atrás iban a llevar a mi hijo a otro país, ahí tuve que tomar la decisión de salir del trabajo rápido y tuve que ir detrás para traerlo de vuelta. En esta situación ore y actúe, sentí paz y seguridad de lo que hacía. Pensé en las consecuencias futuras, así cogí vuelo y fui a recogerlo. Muchas veces tenemos que parar de llorar y actuar con valentía sabiendo que Dios es con nosotros como poderoso gigante. Cuando tú sabes que ciertas decisiones Dios te la aprueba, allí se puede tomar decisión rápida. En mi caso, yo tome esa decisión rápida porque se que Dios me quería con mi hijo.

Dios sabe nuestro corazón y sabe cuándo estamos alineados a lo que dice la Palabra. Cuando Dios te ha dado el sí a alguna decisión entonces podemos descansar sabiendo que, aunque haya obstáculos Dios ira por delante del camino. Recordemos la historia de Noemí, cuando decidió ir a Moab un pueblo, la cual el significado era tina de basura. Alla fue

Noemi y Ruth la que fue esposa de su hijo, que había ya fallecido. Ellas salieron de Belen-la casa del pan para Moab. Podemos ver que fue una decisión fuerte, por el pan se había acabado y ellas decidieron irse a otro lado. Creyeron que les iría bien, pero tuvieron que sufrir. Cuando salimos de done, Dios nos ha puesto, entonces sabemos que vamos a tener que correr con nuestras propias consecuencias.

Qué bueno que cuando tu crees en Dios y te arrepientes de desobedecerle, El es fiel y justo para perdonarte y vuelve a levantarte. Cuando correremos sin la voluntad de Dios, entonces no tenemos garantía que las cosas nos salga bien. Por eso la Palabra nos exhorta una y otra vez a ser, hacedores de ella. Hoy día podemos ver familias heridas, sufridas por decisiones mal hechas. Cuando venimos al camino de Dios tenemos que contar con la bendición de Dios, esto ocurre cuando Dios nos da el ok, es cuando pedimos dirección y le ponemos todo en las manos de Dios y esperamos en su respuesta. Cuando no somos cristianos, entonces corremos bajo nuestras propios riesgos y decisiones. Aprendí que cuando ponemos todo en las manos de Dos, Él nos responderá.

Bienestar al modo de Cristo

Todo aquel que permanece en él, no peca; no le ha visto, ni le ha conocido (1 Juan 3:6 RVR 1960). Debemos tener la intención de no seguir cometiendo los mismos errores. Atreves de los años me he podido dar cuenta que muchas veces tenemos miedo a cambiar pensando en el quien dirán, tememos que dirán las familia o amigos. Creemos que no vamos a pertenecer más a cierta cultura o que estemos negando a la forma que nos criaron. La Palabra nos habla que cuando venimos a Cristo nuevas criaturas somos.

Quiere decir que debemos de adoptar otra manera de ser y es la de Jesucristo. Muchas veces tenemos miedo a que nos menosprecien. Tendremos bienestar al modo de Cristo cuando adoptamos su naturaleza, su Palabra y dejamos que ella nos transforme día a día. La transformación incluye la forma que hablamos, muchas veces somos criados en ambientes donde se habla negativo o hay insultos continuos, eso Dios quiere que lo eliminemos. Porque la formula del cielo es maravillosa, ella nos ensena a ser herederos de Dios, nos ensena que somos linajes escogidos, representante del cielo, embajadores en esta tierra. Por lo tanto, debemos como cristianos comportarnos como hijos del Dios vivo que nos ama, que nos adopto y nos dio nombre nuevo, nos dio potestad en el cielo y en la tierra atraves de su hijo amado Jesucristo. Dice la Palabra que, así como Jesús hijo durante el tiempo que El estuvo en la tierra, nosotros también podríamos orar, sanar al enfermo poniéndoles las manos y proclamando que en el nombre de Jesús las vidas son sanas, libertados, y restauradas.

El bienestar de Dios es que podamos ser usados con la gloria de Dios para que muchas personas sean salvas, pero también Él tiene bendiciones para nosotros. Debemos ser obedientes a su vos y a sus ordenanzas. Un ejemplo en las fiestas de navidad la cual se bebe mucho licor, la Palabra dice que seamos sobrios y no juntarnos con cosas paganas. Entonces allí, hacemos la decisión de servirle a Cristo Jesús a todo costo, debemos oír la voz de Dios, y eso se logrará si tenemos comunicación con Dios en una búsqueda de su presencia y de su guía hacia lo que necesitamos o simplemente para que guie nuestras vidas. Debemos tener discernimiento y tener cautela como tomar decisiones para que podamos agradar a Dios ante que a cualquier persona.

La depresión

Podemos salir de depresión. Muchísimas veces son por cosas que nos han pasado, la cual dejan huellas de dolor y forman depresión. Pacientemente esperé a Jehová, Y se inclinó a mí, y oyó mi clamor. Y me hizo sacar del pozo de la desesperación, del lodo cenagoso; Puso mis pies sobre la Peña, y enderezó mis pasos (Salmos 40:1-2 RVR 1960).

La depresión clínica es un trastorno del estado anímico en el cual los sentimientos de tristeza, pérdida, ira o frustración interfieren con la vida diaria. Que estamos atribulados en todo, mas no angustiados; en apuros, mas no desesperados; perseguidos, mas no desamparados; derribados, pero no destruidos (2 Corintios 4: 8-9 RVR 1960).

Aunque, es difícil pasar por tiempo de depresión, tu Dios quiere que seas feliz. La oración, los estudios bíblicos, los grupos de apoyo, el compartir con otros creyentes, la confesión, el perdón de sí mismo, el perdonar aquellos que nos han herido, y la consejería nos ayudara a tener una vida feliz. No podemos seguir pensando en nuestros problemas, sino más bien redirigir nuestros esfuerzos al exterior, sirviendo a otros nos ayudara a despojarnos de la depresión. Podemos ver que los sentimientos de presión se resuelven cuando el que sufre quita la mirada de si mismo y la pone en Cristo Jesús y los que están a su alrededor.

Puedes ir a donde un consejero cristiano, un clínico donde encontraras un psicólogo o psiquiatra, o consejero secular, pero recuerda que los consejos de una consejería cristiana te abastecerán porque lo que hace Dios es único y poderoso.

En la depresión clínica la persona tiene una condición física la cual tiene que ser vista por el médico especialista. Muchas veces no es algo física, sino por síntomas de voluntad propia. Aunque muchos cristianos digan lo contrario de la depresión clínica, la depresión clínica muchas veces no es por el enemigo, sino por un desorden en la persona, la cual necesita ser tratado con medicamentos y consejería. Tambien sabemos que una persona conectada con Dios, cosas preciosas milagros grande puede suceder. No obstante, sabemos que Dios puede curar cualquier enfermedad o desorden. El ir a tu doctor para saber cómo sanar el problema de depresión es bueno. Tambien tu cultura y crianza tiene que ver de como usted vea la depresión.

Vemos que aun en la Biblia varias personas sufrieron de alguna forma de depresión. Algunas de las personas que puedo mencionar son Elías, Jeremías y David, Pablo que se sentían solos y frustrados. Podemos ver que, en el capítulo de la Biblia en Amos, hay una crisis con Moisés, el hombre escogido por Dios para ser guía del pueblo de Israel. Este hombre de fe, un verdadero modelo del cristianismo, El siguió creyendo en lo que Dios le dijo. Moisés también experimentó la depresión con gran intensidad hasta el punto de quererse morirse.

Él estuvo tan cansado de la desobediencia y las quejas constantes del pueblo de Israel, también estuvo cansado de la responsabilidad que tenía. Moisés sintió solo y agotado que quiso soltarlo todo. Pero hablando con Dios, allí Dios le dio nuevas fuerzas, paz la y la sabiduría que necesitaba para poder seguir con el encargo asignado. Yo diría que Moisés tuvo una protesta terapéutica con Dios, el hablo abiertamente con Dios. Moisés fue tan sincero y humilde abierto con sus emociones para con Dios. Aquí podemos ver que esa descarga que le oprimía salió cuándo platico con Dios. Cuando hablamos con Dios, la platica nos hace sentir bien.

Nosotros también necesitamos vaciar el enojo y la frustración contenidos en nuestros corazones hablando con Dios. Tambien muchas veces con alguien de súper confianza. No podemos dejar que el corazón se llene de amargura con las cosas que nos asedian o cosas injustas que nos hayan hecho. Dice Dios mia es la paga. Confiemos que Dios esta en control y que Él nos defenderá.

No podemos dejar la puerta de la ira, odio rencor, enojo porque la depresión se meterá en el corazón y eso dará resultado a otros problemas. La depresión afecta al hogar, la familia, también el trabajo.

Tambien hay otro síntoma típico de la depresión y esos son los pensamientos distorsionados. Esto sucede cuando el sentir o el percibir de la realidad es distorsionada. Sabias que los pensamientos negativos son característicos de la depresión. Moisés estuvo confundido y le dio depresión al ver que su misión estaba siendo atacada por su propia mente. Moisés pensó que Dios lo había abandonado. El dudo que podría con el trabajo que tenía que cumplir, él se sintió fracasado. Así muchas veces nosotros nos sentimos fracasados cuando tenemos tantas cosas en la mente, allí nos entra el desgano, la depresión, especialmente si somos negativas constantemente, esos sentimientos cambian a depresión. La Palabra nos dice, derribando argumentos y toda altivez que se levanta contra el conocimiento de Dios, y llevando cautivo todo pensamiento a la obediencia a Cristo (2 Corintios 10:5 RVR 1960).

La cura para la depresión es una relación con Jesús. La depresión no es un pecado como muchos piensan en muchas iglesias. La depresión es solo un síntoma, es la forma en la cual se responde a la depresión que puede ser pecaminosa. la emoción misma no es un pecado, todos hemos pasado por algo o hemos tenido depresión, confusiones o dudas, eso no nos hace pecadores porque ya fuimos hechos libres en Cristo Jesús.

Ahora tenemos que agarrarnos de las armaduras que habla la Palabra para poder vencer todo obstáculos que vengan a la mente, depresiones o confusiones. Aquí hablo de lo espiritual o de lo físico. Hay cosas que a veces queremos lograr que muchas veces nos confunden o que nos quieren hacer desmayar, pero no podemos porque somos más que vencedores en Cristo. La Palabra nos dice que, No os conforméis a este siglo, sino transformaos por medio de la renovación de vuestro entendimiento, para que comprobéis cual sea la buena voluntad de Dios, agradable y perfecta (Romanos 12:2 RVR 1960). Cuando pensamos que estamos pecando esto puede llevarnos a la depresión, pero hay que entender que no todas las depresiones son causa de pecado, sino que tenemos que encontrar la raíz del problema, no podemos dejar que la tristeza, la depresión se quede apodere de nuestra mente y aun del corazón. Somos valiente con Cristo.

Debemos tener un balance con el trabajo secular y nuestros deberes del hogar o iglesia para que entremos en depresión. Entonces debes descansar, cuidar tu cuerpo.

Somos el templo de Dios, tu cuerpo es de Dios, Él lo formo por lo tanto debemos aún más recordar que hay que cuidarlo. La Palabra dice que Elías se recostó bajo un árbol y quedó dormido. Y echándose debajo del enebro, se quedó dormido; y he aquí luego un ángel le toco, y le dijo: levántate, come (1Reyes 19:5 RVR 1960).

Dios quiere que descansemos que también nos alimentemos y que cuidemos nuestros cuerpos. Nunca debemos olvidar el papel que juegan nuestros cuerpos y nuestras emociones. Tenemos que dejar toda frustración, depresión en las manos de Dios. Los grandes profetas de la antigüedad se despejaron conversando con Dios, entonces debemos dejar que Dios sepa cómo nos sentimos. Renunciemos a toda emoción negativa, frustraciones de emociones que solo traen problemas, ya Cristo tiene todo bajo control. Debemos creer que Dios hará.

En la presencia de Dios nos sentimos mejor. Cuando entramos en la presencia de Dios nuestra mene se despeja. En su presencia todo problema, trauma, depresiones, emociones fuera de control se hace insignificante, se hace tan pequeña. Dios te ama tanto que cuida de ti constantemente. Recordemos que Dios nos dio las armas para poder vencer, Cristo no nos prometió una vida de rosas, pero si dijo que estaría con nosotros hasta el fin, que nos dejaría el consolador, El Espíritu Santo.

El mejor antidepresivo es estar en la presencia de Dios, dejemos que Él nos amé. Debemos de dejar de sentirnos con la autocompasión. Vemos que otras personas necesita de tú palabras o de tu sabiduría. Cuando damos recibimos, dejemos que Dios nos llene y que tu depresión o problema de la vida se verán muy pequeño. Enfoquemos en ayudar a otros y veras que lo que sentía se te va.

La Palabra dice, porque todo el que quiera salvar su vida, la perderá; y todo el que pierda su vida por causa de mí, la hallara (Mateo 16:25 RVR 1960). No podemos luchar contra la depresión, solos. No podemos escondernos como hizo Elías, sino debemos de ser valientes recordando que no estamos solos, debemos afrontar los problemas con valentía.

En la medicina podemos ver que la depresión tiene combinaciones, como biológicos, como genéticos, sociales y psicológicos. Vemos muchas personas que se hacen dependiente de las medicinas que le dan los doctores y eso a la larga les afecta en la salud y esos efectos pueden causar peores consecuencias. Creo sinceramente que el remedio está en el Evangelio que transforma y cambia la vida.

Dios dijo, que estamos atribulados en todo, mas no angustiados; en apuros, mas no desesperados; perseguidos, mas no desamparados; derribados, pero no destruidos (2Corintios 4:8-9 RVR 1960). "Así que, hermanos míos amados y deseados, gozo y corona mia, estad así firmes en el señor, amados" (Filipenses 4:1 Reina Valera 1960). Dios quiere que seamos felices.

Aunque es difícil pasar por tiempos depresivos, esto se mejora a través de la oración, estudios bíblicos, grupos de apoyo, compañerismo con otros creyentes, confesión, perdón de sí mismo, sobre todo el perdón de aquellos que nos han herido. No podemos olvidar la consejería. Podemos que Cristo nos mandó que seamos servidores. Cuando quitamos la atención en nosotros mismo y la pone en Cristo Jesús en como podemos servir a otros entonces las emociones de depresión u otros problemas emocionales se alivian porque nuestro enfoque es otro.

Si una persona tiene depresión clínica, recordemos que, en la depresión clínica, esta afecta física y mentalmente. Esto tiene que ver de cómo te sientes y que piensas. Esta te hace alejarte de lo que amas. La depresión clínica usa medicamentos y muchas veces con terapia psiquiátrica. La consejería cristiana es muy útil para los creyentes de Dios. La depresión clínica es una condición física, te causa ansiedad, no puedes dormir bien, no puedes comer bien, no quieres hacer nada y muchísimas veces se culpan de lo que están pasando. Esto tiene que ser vista por un médico especialista, un psiquiatra o un psicólogo, o un consejero cristiano.

Muchas veces no es algo físico, sino por voluntad propia. Aunque muchos cristianos digan otra cosa, la depresión muchas veces no es por cosas espirituales malas, sino por un desorden en la persona la cual necesita ser tratado con medicamentos y/o consejería. No obstante, sabemos que Dios puede curar cualquier enfermedad. De la forma que resuelvas la depresión esta conectado a como fuiste criado, la cultura, tu medio ambiente usualmente te dice como debes resolver la presión o muchas otras cosas. Pero sabemos que Cristo nos hizo libre para que seamos felices y sanos. Tenemos que agarrarnos de su Palabra y creerlas porque sus bendiciones ya están allí. Aunque la cultura, sociedad o forma de crianza de allá ensenado ciertas cosas, eso no quiere decir que nos quedemos así. Podemos aprender nuevas formas de ser, así como la formula del cielo, que es buena para nosotros. Dios te hizo lindo, linda en toda su forma. No tienes que quedarte siendo víctima porque ya somos más que victoriosos en Cristo. Aunque vemos que en la misma Biblia varias personas sufrieron de alguna forma de depresión, así como Elías, Moisés o Jeremías, ellos pudieron salir de esas emociones negativas atraves de la comunicación con Dios.

Es importante explicar la depresión del punto de vista de la Biblia, la depresión es un problema espiritual pero que tiene resultados visibles o físicos. Como aguas profundas es el corazón del hombre; Mas el hombre entendido lo alcanzara (Prov. 20:5 RVR 1960) y Lampara de Jehová es el espíritu del hombre, La cual escudriña lo más profundo del corazón (Prov. 20:27 RVR 1960).

Es, dentro del corazón que están las profundidades emocionales que son para bien o para mal en nuestras vidas, es el sitio donde se produce la depresión. Es en las profundidades del corazón que ningún siquiatra, ni psicólogo, ni humano puede llegar allí, sino solo con el poder de Dios, quien conoce lo que hay dentro del hombre. Dios nos hizo por lo tanto sabe todo dentro y fuera de nosotros. Pero Dios nos las revelo a nosotros por el Espíritu; porque el Espíritu todo lo escudriña, aun lo profundo de Dios (1 Corinteos2:10 RVR 1960).

Podemos ver señales que se puede atribuirse y dar a luz a la depresión cuando una persona está preocupada, inquieta, con afán, con ansiedad, con desesperación, con frustración de cosas.

Tengo que mencionar que una de las formas más comunes de la depresión es cuando una persona cristiana pierde la fe en Dios. Es como algo que se derrumba dentro de nosotros y da a luz a esas actitudes mencionadas. Tambien muchas veces nos sentimos y en derrota. El memorizar versos de la Biblia nos ayudara a pasar cualquier tristeza o depresión. Debemos recordar las cosas buenas que Dios ya a prometido para nosotros.

Si anduviere yo en medio de la angustia, tú me vivificaras; Contra la ira de mis enemigos extenderás tu mano, Y me salvara tu diestra (Salmo 138:7 RVR 1960). Recordemos y reconozcamos de dónde venimos y quien somos, somos linaje escogidos, real sacerdocio, embajadores de Cristo Jesús en esta tierra e hijos de Dios. Dejemos que el amor de Cristo llegue a nuestras vidas no solo haberlo aceptado, pero también reconocerlo que en Cristo tenemos ganado toda depresión y todo problema de la vida. Dejemos que su amor nos invada que con El tenemos poder para vencer.

La envidia

Qué bonito pensar que no tenemos que ser envidiosos. Debemos escondernos en la presencia de Dios donde sabremos que herederos de Dios que no tenemos que envidiar a nadie. Cuando dejamos que el amor de Dios nos invada, entonces no sentimos envida.

Cuando dejamos que Dios nos ame, entonces nos sentirnos libre de desear lo que otro tiene porque Dios dijo que lo que deseamos lo pidamos creyendo y lo recibiremos. No somos cual quier cosa. Tenemos un destino hermoso con propósito que cumplir en esta tierra. Cuando aceptamos la Gracia de Jesús podemos ir de victoria en victoria.

La Pena

Las penas profundas son cicatrice profunda que hay que sanar. Lamentablemente, hay heridas que no se curan fácilmente. Cristo cura los traumas de la pena. Debemos permitir que El Espíritu Santo cure nuestras heridas. Podemos desaprender programación errónea aprendidas por costumbres, así como sentirse pena por sí mismo o andar triste todo el tiempo. Cristo nos transforma, renueva la mente. Jesús nos hace nuevos. La oración y la Palabra nos ayuda a saber que somos hijos de Dios que tenemos que andar tristes, no tenemos que sentirnos como hijos de nadie porque ya Jesucristo pago por nuestras debilidades en la cruz del calvario.

El fracaso

Vemos que hay personas que están llenas de temores y fracaso. Los temores hacen que una persona haga malas decisiones y pueden ser derrotados fácilmente. Vemos que personas enfermas van a producir teologías enfermas. A veces vemos iglesia que predican culpabilidad y la gente sale llena culpabilidad la cual resultara en pensamientos de fracaso. Cristo dijo que anduviéramos en el espíritu y que escudillemos los espíritus. Sentirnos en fracaso no viene de Dios porque ya Dios nos hizo más que vencedores. También nuestro consejero divino es el Espíritu Santo, lo cual nos ayudara a sanar las emociones de trauma. Podemos confesar que Cristo nos sano y nos dio vida nueva. La Palabra nos dice no hay curación si no perdonamos. Cuando nos conectamos con El Espíritu Santo atraves de la oración, Dios nos muestra que tenemos que cambiar y a quien tenemos que perdonar.

La culpa

Cristo las pago todas nuestras deudas en la cruz del calvario. Por eso nosotros tenemos que perdonar para no vivir con culpa y resentimientos porque si no dejamos ir la culpa, Dios no puede obrar por completo en nuestras vidas. Ya Cristo nos hiso libre de conflictos internos de problemas emocionales, solo tenemos que creer y dejar ir cada conflicto porque Cristo nos dio poder para vencer. Paremos de vivir en esa cárcel de la culpa, ese sentimiento nos agobiara, ya Cristo nos perdonó somos libre en Cristo. Vamos a agarrarnos de la Gracia de Dios. La oración rompe con culpa cuando nos agarramos del amor de Dios. Tenemos que poner el amor de Cristo en práctica dando ejemplo de su Palabra atraves de nuestras vidas. Es necesario que dejemos ir el tormento de resentimiento, culpabilidad, o ansiedad porque así podremos ver la gloria de Dios. Nadie nos debe y no debemos a nadie. Podemos ser felices porque ya Cristo nos hizo libre, Cristo nos hizo libre de toda culpabilidad porque lavo nuestros pecados en la cruz del calvario.

El amor de Dios

Podemos estar seguros del amor de Cristo y podemos dar amor incondicional porque Jesús es amor. El amor es sufrido, es benigno; el amor no tiene envidia, el amor no es jactancioso, no se envanece; no hace nada indebido, no se irrita, no guarda rencor (1 Corintios 13:4-5RVR 1960). Con Cristo no tenemos defecto ante sus ojos, somos perfecto, aunque no hay uno en esta tierra que sea perfecto. Él nos hizo a su imagen. Cristo cogió nuestras debilidades y conflictos internos y los tiro a la mar, por eso ahora podemos amar. Ahora podemos acercarnos con confianza al trono de la gracia divina de Jesús. Dios comprende lo que nos pasa y El comprende lo que sentimos es por eso por lo que nos dejó El Espíritu Santo para que nos guiara y nos consolara. Jesús fue menospreciado y traicionado por eso nos entiende, sabemos que atraves de su amor podemos perdonar por su amor. El amor de Dios es más que suficiente para ayudarnos con todas las cosas que nos pasa. Tenemos poder para amar como Dios amo porque el amor de Dios rompe cadenas de desamor, de división, de enfermedades, de pobrezas, de odio y mucho más. Es con el amor de Dios que podemos sentir el dolor de los demás y aun el de nosotros y podemos orar y las oraciones Dios oirá. Y de igual manera el Espíritu nos ayuda en nuestra debilidad; pues que hemos de pedir como conviene, no lo sabemos, pero el Espíritu mismo intercede por nosotros con gemidos indecibles (Romanos 8:26 RVR 1960).

La envidia

Porque los celos son el furor del hombre, Y no perdonara en el día de la venganza (proverbios 6:34 RVR 1960). Estados atestados de toda injusticia, fornicación, perversidad, avaricia, maldad; llenos de envidia, homicidios, contiendas, engaño y malignidades; (Romanos 1:29 RVR 1960). Podemos ver muchos ejemplos de la envidia en la biblia. El Rey David tomo mujer de otro, aunque sabia que estaba casada. Tambien hemos visto que alguien tiene un carro nuevo, después la otra persona también quiere carro. La verdad que tenemos que estar agradecidos por lo que tenemos.

Podemos ver que a Dios no le gusta la envidia. Porque donde hay celos y contienda, allí hay perturbación y toda obra perversa (Santiago 3:16 RVR 1960). Tenemos que reconocer nuestras debilidades, así como la envidia, tienen que ser transformadas por Jesús. Dice la palabra que la verdad nos hace libre. La envidia comienza cuando creemos que algo no es justo, cuando pensamos porque ella lo tiene y yo no. No podemos dar lugar a pensamientos de envidia por eso debemos dejar que nuestros pensamientos sean regidos por Dios.

Manejando bien el dinero

No pienses que el dinero que tienes es tuyo, todo viene de Dios. Dios te dio las fuerzas para obtenerlo por lo tanto tienes que ser un bien administrador de lo que dios te da. Y digas en tu corazón: Mi poder y la fuerza de mi mano me han traído esta riqueza. Sino acuérdate de Jehová tu Dios, porque él te da el poder para hacer las riquezas, a fin de confirmar su pacto que juro a tus padres, como en este día (Deuteronomio 8:17-18 RVR 1960). Porque el amor al dinero es la raíz de toda clase de males. Por codiciar lo equivocado muchas personas de la fe se han desviado. Muchas veces el pensar tener más y más solo te lleva a sentirte vacío, porque nunca te llenaras. El que sacia de bien y no ánade tristezas es Dios. Salomón dijo en la Palabra que todo eso es temporal o vanidad de vanidades. Tener una vida balanceada trae felicidad.

Lo que puedo decir es que, si somos buenos administradores de todo lo que Dios nos da, entonces podremos tener más y no tenemos que envidiar a nadie. Dios prometió bendecirnos y Él lo hará si seguimos su Palabra y somos obedientes a la misma. Es importante recordar que hay que darle a Dios lo que es de Dios y eso incluye el diezmo, para que no nos falte nada y no tenemos que desear.

El tiempo de Dios

Todo tiene su tiempo, y todo lo que se quiere debajo del cielo tiene su hora (Eclesiastés 3:1 RVR 1960). Dios siempre llega a tiempo por eso no podemos desesperarnos porque lo que da Dios es bueno. Para poder esperar en el tiempo de Dios debemos tener coordenadas de Dios y eso se logra atraves de la oración. La Palabra dice que tenemos que orar y ayunar es así como se gana la batalla, y de rodillas ganaremos en el espíritu. Dios siempre tiene bendiciones, pero nosotros tenemos que pelearlas en el espíritu para poderlas obtener. La verdad es que toda obra para bien cuando amamos a Dios de verdad. Sigamos confiando en su Palabra porque lo que dijo se hará y te dará la victoria. Sera bienaventurado en la tierra, Y no lo entregaras a la voluntad de sus enemigos (Salmos 41:2 RVR 1960).

La unidad

Para que todos seamos uno, debemos de alcanzar la perfección en la unidad atreves de Cristo, así el mundo vero que somos cristianos de verdad. Podemos ver la bondad de Jesús y su humildad. Jesús desea que lo mismo que su Padre le dio también tú lo tengas. Ya Cristo nos dio lo que necesitamos para ser un cuerpo unido con amor sincero. Debemos ser un solo cuerpo en nuestra iglesia, en la comunidad, y con nuestra familia. Pablo insistió que no debía de haber división en el cuerpo de Cristo. Porque por un solo Espíritu fuimos todos bautizados en un cuerpo, sean judíos o griegos, sean esclavos o libres; y a todos se nos dio a beber de un mismo Espíritu (1 Corintios 12:13 RVR 1960).

La unidad se puede obtener con el poder del Espíritu Santo. Cuando un cuerpo esta sostenido por el mismo espíritu, entonces allí, hay unidad en la iglesia, hay milagros y prodigios. El Espíritu Santo viene a ti cuando aceptas a Cristo como Dios y Salvador, ahora depende de ti que Él sea activo en tu vida. Esto tiene que ver cuanta conexión tu tengas con Dios, la comunicación, el darle todo tu yo, digo darle riendas al Espíritu Santo que haga con tigo lo que Jesucristo ya dijo en las escrituras. Cuando Cristo fue bautizado, El Espíritu Santo vino a Él como una paloma. Debemos preguntarnos, si oramos o leemos la Palabra. Debemos de estar seguros de que andamos llenos del Espíritu Santo. Dios hace su obra atreves del Espíritu y es así como podemos andar en unidad para servir mejor a Cristo y a su pueblo.

Actitud positiva con Cristo

Así que, no os afanéis por el día de mañana, porque el día de mañana traerá su afán. Basta a cada día su propio mal (Mateo 6:34 RVR 1960). Dependiendo de cómo resolvemos los problemas de la vida, entonces nos sentiremos con nosotros mismos, no podemos afanarnos por el día de mañana. Tenemos que andar con una actitud positiva porque somos criaturas hechas a la imagen de Dios, ya somos embajadores del reino de Dios. Somos representante de Jesucristo. Debemos de dar aliento a otros para que otros puedan creer que Jesús vive. No podemos andar con actitud negativa, no somos derribados, antes somos poderos en Cristo. Somos soldados de la comunidad cristiana, somos una nación unida, supuesta a ser positiva la cual no podemos dejarnos vencer por las preocupaciones de la vida.

En esta vida tendremos aflicciones o problemas, recordemos que ya Jesús venció en la cruz del calvario. Cristo nos dijo que no nos dejaría solos, que también nosotros venceríamos con El poderoso Espíritu Santo. Debemos de poner nuestra mirada fija en la cruz, el sacrificio que Jesús hizo en el calvario. Enfocados hacia la meta que Dios ya nos encomendó. Jesús nos dejó El Espíritu Santo para que El fuese nuestro consuelo, nuestra guía en este mundo de tantas vicisitudes. Cuando creemos en la Palabra entonces somos más que vencedores en Cristo Jesús. Entonces allí seremos dignos que Dios nos llame siervo fiel. No importando los problemas no podemos dejar que la ansiedad coja control de nosotros.

Recordemos que los problemas desarrollan carácter en nuestras vidas. Ahí es que demostramos, si somos cristianos de verdad. La biblia tiene varios escenarios donde había personas que se preocuparon, así como Moisés. Él se descargó con Dios atreves de la oración. El salió nuevo después de la oración y salió listo para batallar con los problemas que viniesen. Moisés pudo seguir con lo que Dios le había encomendado, que era de llevar los Israelitas al borde de la tierra prometida. Jesús también venció, El oraba sin cesar. Así tú también eres linaje escogido de Dios.

Los problemas vendrán, pero recuerda, ya Cristo venció en la cruz del calvario.

Cuando vas a la raíz del problema

Lo primero es que es necesario aceptar que no somos perfectos porque eso nos hace ser humilde. Todo tiene solución cuando estas en las manos de Dios. Debemos de poner la perspectiva adecuada al problema. Si aceptamos la situación y buscamos la raíz del problema entonces podemos atacarla con la Palabra para que sane toda herida.

Atacamos la raíz del problema, cuando aceptamos lo que tenemos y lo confesamos, pero también nos enfocamos en La Palabra para ser sanados. Es allí donde podemos decir que habrá recuperación total. Un ejemplo, es cuando el hijo prodigo se fue a gastar toda la herencia que el padre le había dado, después el reconoció que estaba mal y volvió a la casa de su padre. El reconoció que fue su culpa por gastarlo todo, pidió perdón a Dios y a su padre. Entonces su padre le dijo que regresara y él lo hizo. Vemos que ahí hubo total sanación o recuperación de bienes y de sentimientos o carácter.

Para atacar la raíz de un problema debemos de conectarnos con Cristo, Él nos guiara a lo que hay que cambiar. La verdad que una vida diciplina con la Palabra de Dios y la práctica a diario, ella te ayudara a que salgas en victoria de cual quier problema que estés pasando. Con Cristo somos mas que vencedores. Debemos de seguir confiando con esa fe que no se mueve porque lo que dijo será.

La autosuficiencia o arrogancia

Cuando venimos a Cristo, tenemos que dejar de ser nosotros mismos y debemos dejar que Dios nos guie. Ya no podemos ser autosuficiente, necios con uno mismo. Por algún lado has oído decir, no necesito a nadie, lo puedo sola. Bueno eso es ser autosuficiente, eso no le da espacio a Dios para obrar en ti. Por las batallas de autosuficiencia y arrogancia se ganan de rodillas.

Recordemos que no hay uno que no haya pecado por eso venimos Al Señor Jesucristo. Pero si nos creemos super autosuficiente y arrogantes, entonces debemos de reconocerlo y dárselo a Cristo. Dios es bueno para hacer cosas nuevas. El admitir nuestras faltas y ver la raíz de un problema o debilidad, no quiere decir que seas derrotado o que seas débil. Por lo contrario, el admitir lo que somos realmente eso nos hace más fuerte para vencer al enemigo. Dice la Palabra, diga el débil fuerte soy.

Todo comienza cuando aceptamos a Jesucristo como único Dios y Salvador. Comienza una nueva vida, una de las cosas que debemos hacer es de perdonar aquellos que nos ofendieron y perdonarnos nosotros mismos por todo lo malo que seamos. Así dejamos de ser esclavos de esa persona o de nosotros mismos. Cuando decidimos perdonar toda carga toda carga de conciencia será limpiada por Jesucristo. Podemos ser felices y rehacer nuestras vidas cuando rechazamos ser autosuficiente y arrogantes, en Cristo somos nuevas criaturas. Todo ha sido echo nuevo y perdonados somos que todo pecado fue tirado al mar. No podemos dejar que nuestros caracteres de autosuficiencia, de arrogancia o cualquier otra cosa coja raíz porque entonces podemos estar trayendo maldiciones a nuestras vidas. Debemos de cortar con todo pecado que nos asedie porque ya vencimos en la cruz del calvario, ahora Cristo esta de nuestro lado.

La vana gloria y El aparentar

Se, pues, imitadores de Dios como hijos amados (Efesios 5:1 RVR 1960). Lo exterior del hombre no lo es todo, así que no podemos aparentar lo que no somos. El creerse mejor que otros no provienen de Dios. No podemos ser déspotas, artificiales porque sería lo contrario de lo que Dios requiere que seamos. "Nada hagáis por contienda o por vanagloria; antes bien con humildad, estimando cada uno a los demás como superiores a el mismo" (Filipenses 2:3 Reina Valera 1960).

El ser orgulloso o mal educado, grosero, rudo, esto hace que otras personas duden si somos cristianos, debemos de ser luz en medio de las tinieblas. Dios nos entregó la gran comisión de ir y dar a conocer este evangelio de Jesús, por lo tanto, el dar buen ejemplo de ser un cristiano verdadero es muy importante. El buen testimonio para que otros quieran con el poder de Dios venir a sus pies. Debemos ser pacientes, amorosos dando el amor de Cristo a todos. Recordemos los frutos del espíritu, el amor, gozo, paz, paciencia, benignidad, bondad, fe, mansedumbre, templanza; contra tales cosas no hay ley (Gálatas 5:22,23 RVR 1960). Estos frutos debemos de añorar tenerlos día a día.

Los buenos principios de Jesús debemos copiar, no los de este mundo porque todo de este mundo pasara. Perder la paciencia no es de Dios. Como cristianos que deseamos ser humildad porque Cristo fue humilde cuando estuvo en esta tierra. Como el hijo del Hombre no vino para ser servido, sino para servir, y para dar su vida en rescate por muchos (Mateo 20:28 RVR 1960). Es cuando somos humildes que la gloria de Dios puede estar en nosotros o puede fluir atraves de nosotros. El Espíritu de Dios esta con los humilde porque a los altivos los mira de lejos.

Cuando aparentamos lo que no somos, El Espíritu de Dios se pone triste. Tenemos que ser genuinos, transparente. Por eso cuando venimos a Cristo tenemos que dejar la vieja criatura y debemos adoptar la nueva vestidura la cual es la de Cristo. Debemos dejar que la Palabra nos moldee a su forma. Dice la Palabra que estamos en este mundo, pero no somos de este mundo. Somos peligros y extranjeros en esta tierra, la cual representamos a Dios, somos real sacerdocio, nación santa, pueblo escogido. Entonces no debemos sentirnos mal adoptar otros hábitos, una nueva cultura, la de Cristo. Debemos de ser la sal de la tierra para que muchos vengan al conocimiento de Jesús para que muchas personas sean salvas y puedan ser de utilidad en nuestras sociedades.

En conclusión

"Todo lo puedo en Cristo que me fortalece" (Filipenses 4:13 Reina Valera 1960). Creo que con Jesús tenemos el poder para cambiar. Las costumbres son aprendidas, sabemos que, aunque los hábitos influyen mucho, esos también se pueden adaptar a nuevas costumbres con el poder de Dios. Aunque muchas veces nos sintamos que no tenemos que dar otros porque los problemas de la vida nos agobian, despertemos y veamos que Dios nos ha dado las armas para vencer. Cuando administramos a otros, entonces que Dios nos llena de sus dones del Espíritu para que sigamos administrando a otros. Damos por gracia lo que por gracia se nos ha dado.

Cuando ayudamos a otros eso nos ayuda a cambiar nuestra vida espiritual. Es posible cambiar nuestras actitudes, temperamentos, hábitos malos con palabras y pensamientos positivos y sobre todo con la Palabra de Dios. Esto ocurrirá cuando dejamos que Dios sea el que controle nuestras vidas. Recordemos que somos hijos de Dios, real sacerdocio, linaje escogidos. Somos representante de Dios, qui en la tierra. Por lo tanto, debemos de ser buenos representantes, para que Dios no tenga nada que avergonzarse de nosotros. Estamos en este mundo para alumbrar a otros, aunque también tengamos debilidades, es menester que seamos diferente.

Los errores de la vida, cosas que nos han pasado tienen que ayudarnos a seguir adelante, esas cosas deben de ayudarnos hacer más fuerte en Cristo, Dios nunca nos dejara solos. Buscando a Dios podremos obtener la armadura, para poder combatir todo ataque del enemigo. Con Cristo podemos tener una vida llena, Dios quiere que seamos totalmente felices, bendecidos de todas las maneras. Así que podemos alzar la cabeza y podemos arrebatarle el botín al enemigo porque ya fue vencido en la cruz del calvario.

La constante comunicación con Dios hace la diferencia. No podemos ser esclavos del enemigo por eso tenemos que perdonar para ser perdonados por Cristo. Cuando perdonamos aquellos que nos hicieron daño, entonces somos totalmente libres de aquellos que nos oprimían. Recordemos que debemos de lidiar con nuestros pasados, cosas que nos hicieron, cosas que la familia hizo que fueron malas pueden tener impacto en nuestras vidas presente y es por eso por lo que debemos desligarnos de toda maldición del pasado porque en Cristo hemos sido libres de toda maldición. Ejemplos de estas maldiciones son, cuando todos en la familia tiene una enfermedad, estas son maldiciones generacionales, que hay que desligarse para que no siga tu generación. Tambien el enojo y muchas cosas más que ya podemos renunciar a esas cosas, cortar o divorciarnos de esas cosas que por tanto tiempo nos hizo daño. Así somos libres en Cristo totalmente y podemos servirle a Dios como Él dijo, en Espíritu y en Verdad.

Tenemos que encontrar ese deseo dentro de nosotros para estar bien con Dios, con uno mismo y con los demás. Amando aquel que es imposible de amar, aquel que nos hace la guerra. Perdonando aquellos que nos hizo la guerra o personas que nos hicieron daño que dejaron huellas dolorosas, ahí somos libres totalmente. Entonces somos nueva criatura en Cristo Jesús.

Vemos a través de la historia que cuando la gente ha sufrido mucho hacen sufrir a otras personas porque un corazón dañado, muchas veces hace sufrir sin darse a otros. Es importante enfrentarse a la realidad de nuestros dolores, aceptándolos y perdonando a esas personas que nos hicieron mucho daño para que podamos ser restaurados totalmente.

Desde el comienzo de este libro hasta el final vemos que los problemas de la vida pueden causar heridas que trastornan el carácter de esa persona, así como al cristiano. Todo el mundo tiene problemas no importando el color o el estatus social. Ahora sabemos que en las manos de Dios tenemos esperanza.

Nuestra personalidad, el temperamento conjunto con el carácter pueden ser reformados por la renovación de la Palabra de Dios. Comenzando de resentimiento a atacar a la raíz de los problemas, estas son características de una persona que ha sido dolida o dañada, abusado o que aprendieron hábitos que a la larga le causaron dolor al alma y por resultado también hizo daño a otros. Sabemos que cuando aceptamos a Cristo como único Dios y Salvador, venimos a ser nuevas criaturas con muchas promesas buenas que solo tenemos que apoderarnos de ellas y esto lo podemos lograr atraves de la comunión intima con Dios, la oración y la lectura de la Palabra.

Con mucho respeto a los psicólogos y psiquiatras, podría decir que vemos que cuando hay dolores profundos en el alma muchas veces ni la terapia de psiquiatras o psicólogos pueden ayudarle. Pero cuando llega el poder de Dios a nuestras vidas, todo es transformado de gloria en gloria. Dios puede cambiar el dolor por baile. La Palabra puede levantarnos de los muertos, así como hizo con Lázaro. Aunque no hay duda de que los Psiquiatras y psicólogos puedan ayudar, muchas veces se necesita más ayuda super profunda y eso es Dios. El poder de Dios lo transforma todo cuando hay fe. La Palabra hace que una persona que ha sido dañada, maltratada, golpeada, abusada por la vida con el poder de Dios es transformada, es sanada. Todo es querer, desear que Dios lo transforme a uno para que esos consejos buenos lleguen a nuestras almas para que su Palabra nos cambie y se formen dentro de nosotros. Es con el poderoso poder de Dios que podemos cambiar nuestros lamentos, problemas en baile.

Uno puede ser transformado de gloria en gloria. Todos hemos fallado, hemos sufrido, caído de la gracia de Dios, pero, El no vuelve y nos levanta. Dice La Palabra un corazón contrito y humillado no desprecia Dios. El que transforma lo malo y lo cambia a bueno.

Vamos a tomar nuevas metas y subamos escalones de gloria en gloria con Cristo Jesús. No estamos solos, solo creer. Toda cosa buena llevara tiempo, así que debemos tener paciencia. Estando persuadido de esto, que el que comenzó en vosotros la buena obra, la perfeccionara hasta el día de Jesucristo (Filipenses 1:6 Reina Valera 1960). A mí mismo, nada en esta vida me ha sido fácil, solo sé que Dios me llamo aun cuando no le conocía y que estoy en sus manos. Sigamos adelante que lo mejor está por verse, aunque vengan pruebas ya Cristo las venció y nosotros también lograremos vencerlas.

En momentos de desesperación recordemos que la oración tiene poder. En los momentos de aflicción he podido ver milagros atraves de la oración. Aunque con muchas pruebas pude estudiar duro y aunque muchas veces estuve a punto de morir por razón de salud o accidentes, todavía Dios me tiene aquí. Hoy por hoy se que puedo más con Cristo que está siempre a mi lado. Hoy muchas cosas que el enemigo me quito he vuelto a recovarlas. Así como una familia, mis estudios, mis hijos, mi casa. Cuando Dios te promete algo, Él es fiel en cumplir. Entonces sigamos creyendo en Dios que pronto responderá.

La verdad es cualquier sacrificio que hagamos cono la voluntad de Dios no es en vano. Aun Dios dijo que si perdemos padre o madre por su nombre Él nos lo devolvería aún más. He aprendido que para ganar tengo que dar y estoy dando lo que por gracia se mc ha dado y esto es el don de la consejería. La palabra dice, Todo lo puedo con Cristo que me fortalece, entonces creo que con Jesús tenemos el poder para cambiar nuestro entorno, así como nuestras propias vidas.

Las costumbres son aprendidas, sabemos que, aunque los hábitos influyen mucho, esos también se pueden adaptar a nuevas costumbres. La verdad para poder aliviar las pruebas que tengamos tenemos que pensar en la necesidad del otro, si podemos ver que hay otros con cosas mejores y podemos apreciar más lo que somos y lo que tenemos.

Cuando ayudamos a otros, eso nos ayuda a cambiar nuestra vida espiritual. Dios nos llena de dones espirituales cuando tenemos el vaso limpio y vacío, entonces Él lo vuelve a llenar. Podemos cambiar con palabras afirmativas, eso también nos ayuda a nosotros mismos a cambiar. Tenemos que decirnos, quiero hacer la diferencia. Podemos tener esa vida llena, con la comunicación con Dios atraves de la oración y la lectura de la palabra, y sobre todo el estar en la casa de Dios con los hermanos.

Tenemos que perdonar para ser perdonados. Pero antes tenemos que lidiar con nuestros pasados. Es importante ver la realidad de lo que paso en nuestros pasados, aceptar la verdad de una raíz de no perdón y porque y así sucesivamente con otros pecado o fallos del corazón o como muchos llaman debilidades dolores del alma. El perdonar aquel que te hizo daño es extremadamente imprescindible. Ese sería el primer escalón a una vida saludable y feliz victoriosa con Cristo, con tigo y con demás.

Recordemos constantemente que Jesucristo nos perdona y nos ama. Debemos aceptar su amor y su perdón, allí Cristo nos llena para poder dar a otros. Cuando decidimos encontrar ese compromiso dentro de nuestro corazón para poder servir a otros, allí nosotros seguimos creciendo en la estatura de madurez que Dios quiere que tengamos.

Cuando nos disponemos amar a Dios y abrimos nuestros corazones, entonces podemos perdonar a otros, podemos amarnos a nosotros mismos y podemos amar a la familia y demás. Dispongamos en nuestros corazones de amar aquel que es imposible de amar, sobre aquel que nos hace la guerra. Yo he pasado por esto, pero si ponemos nuestras miradas enfoque en Cristo, entonces si podremos vencer todo obstáculo. Con Cristo Jesús, las cosas viejas pasaron y he aquí todas son hechas nuevas.

Podemos seguir enfocados en las cosas de Dios, cuando me canalizo con todo lo que tiene que ver con Dios y sobre todo recordando su promesa. Cuando tenemos confianza que en las manos de Dios todo va a estar bien, entonces estaremos seguros y confiados que nada nos apartara de su amor y de su promesa. es muy importante. Toda obra para bien, de todas las cosas siempre aprenderemos hacer mejores soldados de Dios.

Aun en las cosas seculares, podemos confiar en Dios. No podemos distraemos en lo que es vano, en lo que es negativo, en peleas del pasado porque corremos el peligro de desenfocarnos de lo que Dios ha puesto en nuestras manos y podemos fracasar. Cuando nos enfocamos vamos a terminar nuestra labor en victoria y más rápida. No podemos ser necios o desobedientes porque cuando no escuchamos la voz de Dios tendremos consecuencias malas. Sabemos que aquellos que creemos en Dios, toda obra para bien.

También nada de lo que te haya pasado siendo bueno o malo, todo Dios lo usa para su gloria. Solo tenemos que estar dispuesto a ser transformados por Dios. Dije antes que La

Palabra de Dios es una receta para tener una vida excelente aquí en esta tierra. Dios nos ama con amor eterno y no debemos despreciar las correcciones que nos da. Ni mucho menos tener por poco los problemas, pruebas que hayamos pasado. No hay nada más poderoso, que alguien que tenga testimonios poderosos en los cuales podemos aprender y con la unción del Espíritu nosotros también podemos vencer.

Sabemos que lo de afuera del hombre no lo es todo. Debemos de ser cristianos verdaderos para que nuestro Dios este orgulloso de nosotros y así también otros también vean que se puede servir a Cristo. Es importante ser siervo, así como fue Jesucristo cuando estuve en la tierra. Él fue una persona con una personalidad divina, que muchos criticaban porque era hermosa. Dice La Palabra Porque el hijo del hombre no vino para ser servido, sino para servir, y para dar su vida en rescate por muchos (Marcos 10:45 RV 1960). Qué bonito que un Rey vino por nosotros cuando estamos ya perdidos en delitos y pecado.

Cuán importante nos deberíamos sentir saber que, aunque con problemas de personalidad, Dios así no ama y quiere que reinemos en su reino celestial. Las cualidades de la persona de Cristo son las que debemos aprender. debemos cultivar buenos Frutos del Espíritu Santo. Son nueve: Mas el fruto del Espíritu es amor, gozo, paz, paciencia, benignidad, bondad, fe [23] mansedumbre, templanza; contra tales cosas no hay ley (Gálatas 5:22-23). Es maravilloso ver que, aunque repitamos La Palabra de Dios, nunca regresa vacía.

Vemos la lealtad de Jesucristo a su Padre, El, fue tan obediente que fue a la cruz del calvario, yo diría fue sin titular y sin argumentar. Se ve los buenos principios. Como Jesús enseño dice mucho de su personalidad eso lo identificó,

Lo que Jesús hablo pudieron muchos experimentarlos con hechos que Jesús hacía. Cristo mismo no se dejaba llevar por el mundo poder, sino que Él se llevaba por lo que su Padre le decía. El oraba constantemente para hacer la voluntad de su Padre. La Palabra nos habla de orar sin cesar y sobre todo del ayuno. El Señor dijo, que esta generación no se iba sino fuera con ayuno y oración. Para ser cristianos de verdad, o transparente debemos tener fuerza de voluntad, para hacer el bien y no el mal.

Así, que tenemos que demostrar con hechos que somos nuevas criaturas para adquirir una personalidad, cualidades la cual Jesús este agradado con uno. Uno tiene que querer ser diferente, porque Jesús nos dijo, y dejar el viejo hombre atrás y renovaos día a día. ósea cambiemos día a día, así como Jesús lo demostró. Querer no es todo, es hacerlo con acción con hechos, que la gente vea que somos nuevas criaturas de Dios. El temor a Jehová nos ayuda hacer humilde, pequeños. Es a través de la conexión con Dios que podemos desarrollar buenos motivos, buenos atributos, buenas cualidades de personalidad. A través del tiempo he podido aprender que si se puede cambiar. Aunque muchas veces uno pase por complicaciones en la vida, se puede cambiar.

Nunca me imaginé que yo podría salir de tantas frustraciones de la vida. Todavía Dios me sigue cambiando de gloria en gloria. Para mí es un honor servirle a Dios. Si hay algo que puedas recordar de esta lectura, recuerda que con Dios te ama y que somos más que vencedores en Cristo Jesús. Que Dios nunca da la espalda y cuando te decides amarle en espíritu y en verdad Dios se te hará más fácil servirle. He podido experimentar una conexión de amiga con El Espíritu Santo y esto es lo máximo.

Dejemos en las manos de Dios nuestras características y personalidades porque nuestro alfarero sabe lo que hace. Ya Dios nos dio las llaves de la victoria y esa es su Palabra la cual nos moldea. Entonces hoy vamos a dejar todo dolor, toda cosa mala aprendida atrás y comenzamos un nuevo día.

Aunque no alcancemos la perfección en esta tierra, sabemos que un día en su presencia lo lograremos. Sigamos adelante, siendo la luz en medio de la tiniebla. Recordando que El que comenzó la obra la acabara.

Bibliografía

Bibles for América. (2020). ¿Qué es el espíritu humano según la Biblia/. Recuperada: https://biblesforamerica. org/es/que-dice-la-biblia-acerca-del-espiritu-humano/

Casas D., & Russell, R. (febrero 20, 2015). Nuestro cuerpo está hecho a imagen de Dios. Libros Desafío/ faith Alive. Fuller

Casas, D., & Fuller, R. (2020). La hermosura de la personalidad cristiana. Recuperada: https://wol.jw.org/es/wol/d/r4/lp-s /1985809

Chapman, G. (2013). 5 Love Languages Military Edition. Chicago, IL: Northfield Publishing.

Explorar. (Junio 2, 2014). El Autoestima del Cristiano. Coalicion por el Evangelio In. Recuperada: https://www. coalicionporelevangelio.org/articulo/el-autoestima- del-cristiano/

Biblefateway.https://www.biblegateway.com/passage/ ?search=Santiago%201%3A19-20&version=RVR196

Gaytan, E. Familias.com. ¿Tu esposo es frio y no muestra sus sentimientos? Recuperado: https://www.familias.com/tu-esposo-es-frio-y-no-muestra-sus-sentimientos-entonces-esto-es-para-ti/

Google:https://www.google.com/search?q=que+es+tempera mento&oq=que+es+temperamento+&aqs=chrome..69i57j0l7.24597j1j7&sourceid=chrome&ie=UTF-8

Kubik, V. (Enero 5, 2018). Las Buenas Noticias. La Mentira, un Pecado Grave. Recuperado: https://espanol.ucg.org/las-buenas-noticias/la-mentira-un-pecado-grave

Liceo Campoverde. (2019). La importancia de las costumbres ancestrales en el Desarrollo humano. Recuperado: https://www.liceocampoverde.edu.ec/la-importancia-las-costumbres-ancestrales-desarrollo-humano/

Lloyd, I., & Sederer, MD. (2013). The Family Guide to Mental Health Care. New York, N.Y.: WW Norton & Company Ltd.

Montero, N. N., Psicología & Mente. (2020). ¿Por qué hay personas que no saben expresar amor? Recuperada: https://psicologiaymente.com/pareja/personas-no-¿Por qué no saben-expresar-amor

Nuestro Cuerpo Esta Hecho a Imagen de Dios. (febrero 20, 2015). Respuestas de Genesis. Recuperado: https://answersingenesis.org/es/biblia/nuestro-cuerpo-esta-hecho-imagen-de-dios/

Que es el alma. La Respuesta de la Biblia. (2020). Recuperada: https://www.jw.org/es/ense%C3%B1anzas-b%C3%ADblicas/preguntas/qu%C3%A9-es-el-alma/

Rodríguez, L. R. (2020). Mejor con Salud. ¿Te cuesta expresar el amor a tu pareja? Recuperada: https://mejorconsalud.com/te-cuesta-expresar-amor-pareja/

Sevastian, C. M. J. (2020). Desarrollo Personal. 5 Cosas que Debes Hacer Si Tienes baja autoestima. Recuperada: https://www.sebascelis.com/5-cosas-que-debes-hacer-si-tienes-baja-autoestima/

Watch Tower Bible & Tract Society of Pensylvania. (2020). La importancia del perdón. Recuperada: https://www.jw.org/es/publicaciones/libros/jesus/ministerio-en-galilea/leccion-sobre-perdonar/

Un Rayo
de
Esperanza /
A Ray of
Hope

Mia

Really must thank God for helping me write this book. Also, thanks to my other half, children, close friends, and family that were there to encourage me.

Contents

Introduction

It is with this book that many people can be help with simple Christian practices given, by the Bible you can achieve success with yourself and with others.

My dear brothers and sisters, take note of this: everyone should be quick to listen, slow to speak and slow to become angry (James 1:19 NIV).

The Bible also tells us how to advise. Proverbs 14 NIV, tells how the wise woman builds the house. We can see that years ago, we already had direction on how to do things according to the Bible, the Word of God. We know that in his time with such much stress and issues happening all over, God can restore everything in our lives.

We must renew our perspective on how we see things, whether economic or emotional. The truth is that we have all have fallen from God's grace of God. We have all done something wrong, the Word tells us about sin. We can also see how God works miracles whether physical or spiritual. Many times, we have a harsh attitude or perhaps a docile personality, an attitude that comes from the inside out. Many times, our attitudes come out in a way that hurts other people. Every evil attitude can change with the help of our Lord Jesus Christ. The practices and ways, I would say formulas that the Word of God urges us to use can also be memorize because the word is a recipe for the good of our lives. We can use the word to benefit us, this is when we get hold of God's word in our hearts and it will bring good results.

We know that the Word never changes and will do what it says. The Word is good for exhorting and good for counseling. We all have faults, but many times we do not see them because we get used to them. Many times, we get to the extreme and get tired of injustices or perhaps we also remember things they have done to us. It may be a personality problem or acquired through parenting. Whether behaviors are good or bad, it will come to the surface sooner or later.

Somehow when someone hurts our feelings, hurts get accumulated inside our hearts and then comes the real personality or temperament that we really have. A lot of times we see that we have a bad attitude, but we do nothing to change it because they are part of yourself.

It is important to put our effort and desire to change a bad personality or temperament and this so that God can put new principles, new attitudes in us. God wants to put in us a personality that brings joy not only to us but to others. When you decide to change and desire get out of that despair, or cycle that do not lead to nowhere, then God puts wonderful new habits. It is with Christ that we can get them. Anything bad in our memory or things that had happened throughout our lives, can be renew by the power of Christ, we are not alone. Even if we have problems with attitudes, an impossible personality or a damaged character caused by someone that can be restored with Christ. God can transform any temperaments, personality damage by the years of hurts. I think I have been very privileged to see myself chosen to be a counselor and be saved by Jesus Christ. I know that He cares for me even before I was born and that love me, just like He loves you.

Let us see temperament, character, & personality

Temperament is a form of character or personality that is form when we are born. Personality explains what makes you or who you are inside. Personality is made up of attitudes and has thoughts, feelings, and behaviors. I must mention certain terms or words that will help you better understand this comment.

I do not mean to be rude, but It important that we must understand ourselves, so we can understand others. First, we must be humble enough to accept other people correction and know that we are not perfect. We have never been perfect, but we will reach perfection when we go with Jesus or when He comes back. Of course, God see us perfect through His eyes because of His word. According to the Bible, we can be wise when we obey the word. The truth is that if we do not correct what is wrong inside our hearts with the power of God then our lives will be from error to error.

We can deny it is hard to correct feelings, emotions, or bad habits collected through time. The Word says, correction must be done in love. Thank you for those who have had the courage to correct us with love and teach us what we can change with God's help which it is possible.

Within a person's personality, there is emotions, thinking and actions. Have you heard people say, look that child's behavior? The way a person conduct himself, it determines a person's behavior patterns. We can see that the person's actions can be biological or when he was born and that becomes his temperament. The temperament influences a person's behavior.

I will be talking about the four parts that makes you unique and the is the temperaments. Secondly, talking about character, it is important to know that you are not born with a character, but this is affected by the environment, culture, and social environment where the person is trained or alive.

Those four temperaments are:

1. cheerful people, 2. Choleric, 3. Melancholy or emotional, sensitive, and 4. Phlegmatic or calm, balanced, or easy to deal with.

Character is your own nature that is distinguished from others. It is within our character that we react in a certain way to certain situations. This happens in a way that you express yourself according to the way you are. Have you ever described someone, then that means you were describing their character? Also, animals are often described. Let us describe someone, Peter who is sympathetic, cheerful, and intelligent or that Mia is humble, sad, and pessimistic. These adjectives or attributes define your character, your personality. It is wonderful to know that God can transform our character. Jesus Christ can transform us from the inside out.

Now can we see any character, behavior that our personality has been affected by someone in a positive or negative way. When our character gets hurt it will come to the surface through our attitude which might affect other people, or our own selves can be affected negative or positive.

The Personality that God wants us to have

Ephesians 4:24, NIV: "and to put on the new self, created to be like God in true righteousness and holiness." The Word says that God created The Body, Soul, and spirit. God looks at the inside, that is why being pretty on the outside is the least important. God not only created your body, but also the soul, and the spirit. The whole you matter is to God.

It is the reason your spiritual well been is important to God. Therefore, let us adopt the spiritual so we can grow from glory to glory. The outside, our flesh gets worn out in a daily basis, but the spiritual learning revives us. If a person is proud or rude that says a lot about who that person is. It is important to adopt good virtues that speak of a true Christian. Good virtues resemble the fruits of the spirit found in the Bible (Gal. 5:22,23 NIV).

The fruits of the spirit can be achieved through the prayer and the connection with God. The Bible says, "Ask and it will be given to you; seek and you will find; knock and the door will be opened to you. For everyone who asks receives; the one who seeks finds; and to the one who knocks, the door will be opened (Matthew 7:7-8 NIV). We must ask for the gifts of the spirit because they will help us as mature Christians.

We can learn from the person of Christ, who proved to be with a servant. His personality such a great role model of a great character, a wonderful personality. When we decide to adopt the personality that God wants us to, then the fruits of the spirit can help other people and we really will feel complete. We cannot allow the old man to rise, or any manners or habits, characters, or personality that God does not like. When we serve others, we will adopt other good personality, behaviors that without realizing it, it will be developed new perspectives about our lives.

Therefore, let us allow God to fill us with the Gift of the Spirit so we can continue helping others. Let us cultivate wonderful, good qualities that comes from the Holy Spirit of God. But the fruit of the Spirit is love, joy, peace, forbearance, kindness, goodness, faithfulness, gentleness, and self-control. Against such things there is no law. (Galatians 5:22-23 NIV).

We see the attitude of Jesus Christ went He went to the cross, what a great attitude, He did not argue or open his mouth. You see the good character, behavior of Jesus. He was obedience to His Father. Jesus taught everyone how we should be in mind, body, and soul.

The way Jesus was while in the earth says a lot about his personality, attitude, character that should identify us too. It is the reason we must show, we are real Christian, which is with deeds and actions, just like Jesus did. Adopting the habits, moral value of Jesus which are in the book of God, should be our focus for those that say, we are new creature in Jesus Christ. If we pray, read the word, and stay with close to the family of God. Christ himself pray so much and was so obedience to His Father. Jesus prayed constantly to do his Father's will. When we connect with the heavenly Father our personality will change. The Word speaks to us about praying without stopping.

Even if we have lived a life that God did not like when we accept Christ, we are new creatures and little by little our personality will change if we let the word change us. When we connect with God, he will give us strategies so we can be in victory.

The moment we decide to be obedient to the Word of God, there without realizing we adopt new qualities of personality characteristics. We cannot allow negative desires influence us by spoiling our fruit of the spirit. Sometimes we want more out of life but that not enough or even want to change certain behavior but wanting to be not enough, we must show we are new creatures of God by the deeds.

It is through connection with God that we can develop good attitudes, good attributes, good qualities of character, a wonderful personality. Even though in Eden, all innocent was damaged, today with Christ we can be born again. Because many people are constantly watching if we are real Christians, we must be very careful that we do not forfeit God's word. I never imagined that I could get out so many frustrations, hurts, pains that are cause by issues of life which things can cause traumas in personality. I very grateful for God's word which has taught me new ways of bean and I have adopt them. I am loving my new self in the kingdom of God, my new temperament, attitudes towards me and the world is just amazing. Of course, God keep changing me from glory to glory.

The truth is that no matter where you come from or how much we had might suffer, God make us new again. I visited many churches trying to find the right church when Christ came into my life through Guille Avila's crusade in New York. this was many years ago. My life was changed by the power of God. My personality, the bad temperament was changed through his Word and the prayer.

Prayer is my bridge to having a restoration life and I am sure yours will too. Thank God that even before he was born, He already cared for me. Today my temperament and the evil character I had have been changed by Christ, I am grateful God is in my life. We were created for good purposes in this life. Knowing God takes time so never give up, God always arrives on time. Never think it is too late to change or have a better life in Christ.

Our Body

Our bodies were created for God, so we cannot do whatever we want, this is if you are a Christian. God gave us the choice to decide but we should always choose God. So, God created mankind in his own image, in the image of God he created them; male and female he created them (Genesis 1:27 NIV). Since our body is of God's, then it means that our bodies are only lent by God.

Your body is not yours, for God is the full owner of it. Then we must take care of it. As result, we cannot drink alcohol, drugs, or overeat. If we had an experience with God and his Holy Spirit, then we must take care of our body.

Throughout history, we see that bad habits have bad results. Our body and organs are affected by bad habits, like the ones mentioned before. When we do not take care of our body most probably, we will spend more money for treatments.

God created us to be spiritual and have a healthy body. Many things that happens in our lives are because someone made the wrong decision or wrong choices, therefore we end up paying for it. The temporary pleasures disappear and do not satisfy. How nice to know that we can have complete confidence that God will take care of us and he knows what we need. God will always take care of our mind, body, and soul, we just must believe.

The Soul

We are tripartite or made of three parts. It is the reason why we must take care of our body, mind, and soul through prayer and reading of the word. We must have a balance in our life. We must read the Bible to feed the soul. We are breathing creature.

The creature just meant the person in totality. According to the Bible Adam became a living soul or living being. If the Soul is also like our body, then we must take care of it. When the Father God blow breath of air, Adam became a living being. God made us to have eternal life, meaning to be in God's kingdom forever and to enjoy of blessing in this earth. God has physical, emotional, and spiritual blessings and Jesus Christ came to this world to accomplished it.

Your body and mine was created by God, also your soul. Therefore, we have more reason to take care of it because it is part of our whole body. It is said that the body is the temple of the Holy Spirit. We can see God made us complete with soul, body, and spirit to glorify Him. The word says, do not be afraid of those who kill the body but cannot kill the soul. Rather, be afraid of the One who can destroy both soul and body in hell (Matthew 10:28 NIV).

The spirit that God put in me

The human spirit is the lamp of the Lord that sheds light on one is inmost being (Proverbs 20:27 NIV). The spirit that God put in you has the essence of God. The prayer is the one that nourishes the spirit. We can see that when we connect with God, our soul gets nourished and that helps us get the victories. Christ himself told us in the Bible, that he would never leave us nor forsake us. He left us the comforter and the great counselor, the Holy Spirit that would guide us to all truth.

Christ won our battles of the flesh on the cross. We must let Jesus live in us, so we can overcome any obstacle in our lives. We must recognize in a daily basis that God made us, and that all that we have belongs to Him. When we acknowledge that God is in control and that we have power to control evil then our approach about life will be different. Because we are supposed to be lite, we must show Jesus lives in us, demonstrating good behaving, good habits.

When we accept Jesus as only God and Savior, we get in the eternal list of life, but now we have to walk according to the word so the Holy Spirit can be of guidance to all truth in our lives. It is necessary that we must adopt new habits by allowing the word to change us. Bad habits, temperaments or characters can be transformed, if we let ourselves be shaped by the Word. We must be sensitive, humble, and accept that we need God's help. When we give in to God's word and we can see different temperament characters taking place.

Resentment

"A brother wronged is more unyielding than a fortified city; disputes are like the barred gates of a citadel" (Proverbs 18:19 NIV). In my life I have learned that I cannot act on impulse because it will give out bad results. It is important to ask God for forgiveness and above and forgive the person that hurt us. For this reason, if anyone make you angry wait till your emotion in your mind calm down.

The truth is that prayers does miracles. We must be careful what comes out of our mouth when we are angry. Be careful what comes out of your mouth in a daily basis because words are spirit, and you might be saying something against yourself. Do not say anything that you might regret it later. Negative words take time to heal.

What we say can hurt others and so it also will hurt yourself. You must think and take a deep breath before you talk any hurtful words. For example, there are people who breathe a few times before they talk, and there are others who go for walks. There are others who run or pray. Honestly, getting out of the abusive environment helps you to come down. It will distract your mind and will help you feel better.

When you get angry with someone, it means you giving power to that other person. Christ called us to be free from resentment. We must forgive so it does not stay in the heart. Remember, Jesus kept his mouth shut even when he was taken to the cross. Practicing good habits as forgiving because God forgave our sins. When we hold on to recement, that gets accumulated in the heart and soon or later it will come out. When we forgive, our hearts are clean before God and now He can listen to your prayer. The Bible said, I can do all this through him who gives me strength (Philippians 4:13 NIV).

The tongue

We can either bless or curse ourselves by the way we use our tongue. Out of the same mouth come praise and cursing. My brothers and sisters, this should not be. Can both fresh water and saltwater flow from the same spring? (James3:10-11 NIV). We all know that the tongue is muscle that move and is an organ that helps say good things or bad things. It is in the back of your mouth. We also use the tongue to taste food and helps chewing it. It also helps the tongue for the articulation of sounds.

With the tongue we can build or destroy someone. For generations we have seem how the tongue has destroyed many families, churches, and nations. It is imperative to be careful how we use the tongue because it can build or destroy. Gracious words are a honeycomb. sweet to the soul and healing to the bones (Proverbs 16:24 NIV). The truth that many times we have lived in an environment of customs or culture where people have spoken bad and that influence so much on how you end up speaking. But when you come to Jesus Christ that must change because we are supposed to be new creature.

We must be cautious that when we grew, we do not constrict the Holy Spirit by having a fault mouth. Whether you like it or not, one day God will bring to memory all the things we had done. Let us remember we are chosen generation. We must take our tongue with the word of God. Just the same way many things in life needs practice, then also our tongue needs to practice good positive words.

We can use words to encourage and repair people's heart and use it as medicine instead. The word tells us that we must be the light so therefore let us build. Our words should be sweet like honey or like vitamin to the soul to us and to others. It important to remember that God call us to restore and lift others. If we want to see positive changes in our homes and churches, then we must change the way our mouth open.

Anger

In your anger do not sin. Do not let the sun go down while you are still angry, (Ephesians 4:26 NIV). When you are angry, you feel like everything bothers you. You get upset when someone contradicts you. Let us see the word anger comes from the Latin, and that is inodiare, which means anger.

We know that everyone at one time has gotten angry. When someone get angry, his feelings rise from simple anger to a mad anger. Many people get easily angry when they are taught are been challenged. We can control our anger with simple steps. One way to control your anger would be using the Bible and letting the Spirit of God work in your heart. Also, in the world of counseling, there are simple steps that can be used to control that anger. I will be mentioned a few of these techniques, we have the breathing and distracting techniques which will help you calm your mind down.

Anger is an emotional feeling that can change in intensity. Anger changes intensity level from inside and will come out in certain way. Anger changes from a mild irritation to an irrational stage. Anger can also have psychological and biological reasons.

Therefore, we must be very careful to judge the anger. The changes that occur in anger manifest from the inside of your mind to the outside of your body. Also, the person that gets angry the heart beats rises or like other people called it, the blood pressure rises. We can see that the hormone level rise which is the adrenaline.

The good news is that God can change anything, if we allow God to change our sorrow into happiness. There is another cause for anger which are the bad memories of the past. The trauma of the past could have brought a negative impact in that person's life. As children of God, we have been forgiven and made new in Christ. When we are new believer of Christ, we can come and accept the truth of a hurtful past and allow God to change that hurt. Counseling and therapy can be very helpful to help you be whole.

Anger is a totally normal human emotion and to certain extent it is healthy. The word states that we can be angry, but we cannot stay angry. In your anger do not sin. Do not let the sun go down while you are still angry (Ephesians 4:26 NIV). The problem is learning not to lose control of your emotions because uncontrolled emotion can become destructive.

There are several ways to practice how to control your

anger. The breathing, think of something else, distract yourself, praying, call a good friend you trust can hear you.

Let us recognize God is in control of our lives. To think before we speak in anger is better than to hurt someone's feeling. Words we say cannot be taken back and it will take a while for them to heal. It is better to stay quit, instead of saying words that will make a quarrel. Sweet words are like honey and bring peace. Uncontrolled emotions are like uncontrolled anger that can lead to bad consequences at work, in personal relationships and overall, it can destroy your quality of your life.

There are 3 ways that anger can be controlled: If you express it nicely or you can hide it, or by re direct it by doing something else which will distract your mind. When know yourself, you can know the root of the anger. If you know the root of your anger, it can heal it with God's help.

First, we can express anger firmly without aggression, that is a healthy anger. You can say what is the anger about or what is the need. When we ask without demand or with a temper you will be able to gain more. If we want people to treat us nicely, then we must treat them nice. What you give, you will receive.

Hiding anger causes you to inflate like a balloon and then it can burst. We can rather redirect anger to do something good. It is possible to adopt a constructive behavior. In life we all can relearn new things. One example of adopting and relearning can be setting an alarm, after a while you will wake up because you got used to it. Other reasons why we must control our anger is because the blood pressure will rise, many call its hypertension or high blood pressure. altar but now let us now hide anger because it can become depression, therefore is better just to come to Jesus and talk to God.

Aggressive behavior

An aggressive behavior makes you want to get even. You have seen certain people who constantly belittle others or that criticize everything. Other people show aggressive behavior by making sarcastic comments. Unfortunately, many people did not learn to express their anger constructively. Most likely that these people find it difficult to establish good-successful good lasting relationships.

When you cannot learn to control your anger, whether you are young or old person, it means you will have issues with interpersonal relationships. Also, we know that bad habits can be broken with the power of Jesus Christ and new good habits can be relearned. When we come to God, we are supposed to learn good new habits so that way we can have lasting and successful relationships. We must be obedient to the word of God, that even if it hurts, we will be successful in life. We can control the way we behave internally and externally with the word of God. We know that when we put every burden at the feet of Jesus, and we believe soon or later we will see good results. Now faith is confidence in what we hope for and assurance about what we do not see. This is what the ancients were commended for (Hebrews 11:1 NIV).

When you are Upset

When someone is upset and that is easily changed into rage and you feel getting out of control or hysterical, this attitude tells you are out of control. This needs a professional help so you can cope with this kind of behavior. For many years we can see that hyper or extremely nervous people, tend to get angrier faster. It is amazing to see other people who do not show their anger, but they keep it inside their hearts.

People that do not show anger and hide it, they tend to be irritable and ill-tempered. Did you know that not everyone who gets frequently angry, insults or throw things are usually loners and everything bothers them, I call them passive angry people? Also, there are health concerns with people that bottle their anger constantly, they can develop high blood pressure and other health issues. They believe that nothing can cause them inconvenience or irritate them.

These people think they are entitled and if they do not get whatever they want, then they get angry. It is like, they think the world must revolve around them. When someone is in rage, hysterical with anger it can be a clue to a bigger problem within genetic or physiological origin. I was able to learn in my psychology class that there are some children who are born irritable, sensitive, who are easily angered because something went wrong with their genetic within the physiological origin of their DNA.

There are many times you can see at an early age in children anger getting out of control. Unfortunately, if the child is not corrected at an early age then that anger would be hard to mitigate later in life. But we know that with God everything is possible. The truth is that most people get angry easily because their families did not learn how to control their emotions at an early age, as result, they lack the ability to communicate emotion very well with others.

Healing the past for a better future

It is important to accept the truth of your past so you can have a better future. We know that with Christ we can conquer all. We can soar like an eagle when we get closer to God through the prayer and reading of the word.

To change is a decision of the heart and that makes the difference. You will have to make a commitment to yourself to change, only then you will bear fruit. God will give you direction and discernment towards what things need to change. When you hold on to God's word, then you can climb like the eagle towards your promised blessings.

It is important to forgive ourselves from the past and so we must forgive others so we can have a better future. Christ himself told us that we must forgive so that we can be forgiven by God. Many times, we keep pulling the past into the present and that causes your blessings to be aborted. When we forgive those that hurt us, then we can proceed to a new happy life. There are steps to a brand-new future, the first one is to accept Jesus Christ as your only God and Savior. Then we must allow God to transform us by the word. Then we must let go of things that hurt us. Then we must claim our blessings by asking God the Father to Bless us.

Believing in the promises of God opens a hope that has unlimited blessings. It is by faith that we can cross so many ordeals of life. Something wonderful and peaceful happens with your mind when you decide to forgive others. The Bible says, Repent, then, and turn to God, so that your sins may be wiped out, that times of refreshing may come from the Lord (Acts 3:19 NIV).

Sometimes it is so hard to forgive ourselves and others that we allow resentment to accumulate and it becomes hatred. Did you that we can be hating ourselves and we do not even know it? It is the reason Jesus said to bring all burden to him that He would make it lite.

Forgiving

Forgiving is a tool that helps us free ourselves from burdens and helps us be happy throughout life. It is good to know that forgiving is not putting the hurt in a box, minimizing it, or justifying the pain. We can see in the Bible, Then Peter came to Jesus and asked, "Lord, how many times shall I forgive my brother or sister who sins against me? Up to 7 times?" Jesus answered, "I tell you, not seven times, but seventy-seven times (Mathew 18:21-22 NIV). When we forgive means, we apologize to someone that offended us.

In the Greek culture word forgive means to "let go". Jesus used this comparison, and forgive us our sins, for we too forgive all who wrong us. We know when forgiven has taken place when we stop resenting those who have done wrong to us. The Bible teaches that forgiveness is a sincere love.

Distant cold people or Alexithymia

Because of the increase of wickedness, the love of most will grow cold (Matthew 24:12 NIV). Cold people lack empathy and often experience problems responding properly to others. Since they do not respond properly to feelings or emotions, it brings friction with family and or relationships. Cold people tend to be very practical; I am not saying all of them.

It hard for cold people to enjoy things that have emotion or feelings. Also, it seems hard for them to experience fantasies, or to have dreams or even think imaginatively.

I am not saying they do not have emotion. The truth is that they find it difficult to recognize or express feelings with words or gestures. Because he cannot express feelings with words, then he must find a different channel which is to dramatize the feelings or think this is very ingenious. emotions. Of course, the Aseismic person would not be able to say, I love you because they cannot express the feelings.

The Alexithymia stage can be divided in two categories.

1. Primary Alexithymia is the beginning of showing effects. There are a few reasons to this king of Alexithymia. It could had started at childhood trauma or from negative caregivers. The primary Alexithymia has a more stable personality which can be molded during childhood and later in adulthood.

2. The Secondary Alexithymia is also called Alexithymia characteristics because it comes from developmental failures. This secondary inability to show feelings comes from big psychological trauma during childhood or later in life. This has to do with reasons of sociocultural or psychodynamic

factors (Frontiers in Psychology. 2018; 9:1614. www.ncbi. nih.gov, Katharina S. Goerlich, August 29, 2018).

The secondary alexithymia is related to organic factors. Here we find patients with autism. Alexithymia is related to neurological injuries or diseases, like multiple sclerosis, Parkinson's, etc.

In neurological terms, it is a disconnection between the limbic system, which is the one that regulates emotions. In the brain we got the neocortex that regulates intelligence, reasoning, and logic.

Let me explain a little about the brain. The left part of the brain is called hemisphere, it takes care of language and logical reasoning. The right side of the brain takes care of emotions, creativity, art.

Now that we understand how the cold person is affected, let us talk about the secondary Alexithymia. The Secondary alexithymia is related to psychological factors. We can see that in the secondary Alexithymia has suffered emotional trauma, like childhood abuse, post-traumatic stress situations like in war, sexual abuse, ill-treatment, or simply did not have adequate emotional learning as child or as young adult.

Secondary Alexithymics are not taught proper way to identify their emotions nor are taught how to deal with the emotions. Many times, these people suffer from depression, mood changes, eating disorders, like anorexia nervosa. They tend to have problems with addictions.

Secondary Alexithymia, unlike primary, can be reversible through therapy like psychotherapy and many times with antidepressants medicine.

Unfortunate many people with these sufferings do not

usually go to therapy. They could take cognitive therapy to help them with their behavioral and interpersonal issue. Therapy will help them develop their emotional awareness. It is with psychological treatment that the patient will be able to properly identify, label and understand emotions. The word says all we can through Christ that strengthen us. Through a connection & communication with God's a person can recover from locking emotions. Let us remember that prayers can do wonders. The confessing of sin can do a great deal of liberation too. Also. Through a Christian counseling, therapy and all the above suggestions a person can be whole again. God has given us a clear mind. Ultimately, person inability to show feeling with all this help, at the end will be able to verbalize emotions and identify them.

In my opinion, the truth is that to be able to show feelings or emotions, we must be healed by the power of God. Therapy can help heal emotions, feelings that were hurt when little or big. Honestly, to get cured from emotional issues, we must learn to forgive those that hurt us. We must let the love of God invade our hearts so we can live a plentiful life. We will be able to express feelings verbally and not just with actions. Let us remember, God's healing can take time, but no matter what God can do it and does well. God can take insecurities and turn it into certainties, assuredness, and positiveness so we can express them to people. It is not good idea to try to change the person who is cold or alexithymia. Allow the person to want to change by himself.

If the problem of not being able to express love is due to painful experiences, then it is important that you know that your partner plays a very important role. Even thought, it is easy to connect a pass hurt to the present relationship, remember is not their fault.

We humans have the tendency to correct people, let us accept people for whom they are and not try to change them. Allow God and therapy to do their job. Do not be mad at the person who cannot express emotions because it is not easy for that person to talk about feelings.

If you want to talk to the person that cannot show emotions, find a quit place to talk. You must have patience, remember love covers all. Remember for your partner expressing love is very difficult. Put yourself in their place and help him express love by your kindness and understanding and find out how he expresses emotions. See if he can externalize anger or show anger right way. The Bible tells us how to heal the past. Therefore, if anyone is in Christ, the new creation has come: the old has gone, the new is here! (2 Corinthians 5:17 NIV).

The Past Can Be Healed

I can do all this through him who gives me strength (Philippians 4:13 NIV). I am sure the past can be healed with the power of God, it helps me. When we give ourselves wholeheartedly to Christ wonderful things will happen in our lives. The healing of the past is a process that you must have patience. You must want to be healed from the past and process will happen with the help of the Holy Spirit. Having a close connection with God and be able to hear His voice is very important. We can just say, I want to change but we must show it with actions and that makes the difference.

The truth is that we are the product of what we do. I would have never changed the past if I did not recognize it and accepted God to do the job. Also help from counselor or therapy can help a lot. We must be humble and see that we really have certain things that need adjustments from God. When we come to Jesus, we are new creature, meaning we must start a new way and that means many times leaving behind old bad ways, we taught was right. When we confess, we get heal from many things. When we come to Jesus, we have the power to stop transmitting wrong habits to our next generations. Have you seemed that many times, there are attitudes that grandfather had, like bad habits or events in the family that are repeated? Well, God is in the business of healing the past.

Generational curses are part of the healing of the past. A close connection with God will help you figure it out if the hurt of the past comes from other members of the family and that can be healed. There are things that have prevented our generations from being completely happy, and that is because many times we repeat the same mistakes someone in the family did. Jesus Christ has come to set us free from every hurt and pain.

An example is when a mother who did not modeled a healthy behavior in the family, then the little kid might end up learn it. We must reject all bad history in our lives with the power of Jesus Christ, we can be new creatures. Let us remember if we get closer to wise people, we will get wiser and a counselor to help with the past is a plus.

About self-esteem

Do nothing out of selfish ambition or vain conceit. Rather, in humility value others above yourselves (Philippians 2:3 NIV). The word of God can help with the issue of low self-esteem. When you have self-esteem is not to be popular or to look cute. Your good moral attitude is what makes you beautiful inside out. When you have good self-esteem it's because you appreciate yourself of whom you are. You love yourself for whom you are, like the flaws, weaknesses and everything that forms you in and out.

We must accept who we are and love our selves the way God do. We know that we are not perfect, but only through Christ who see us perfect. The word has already provided recipes that will help us be successful.

The difference between someone with self-esteem and someone without self-esteem is:

Those who have self-esteem are aware of their abilities and difficulties, and they do learn to live in this society in the best way. Someone without a good self-esteem would allow inner issues to stop them from moving forward and would hinder the way to love others. The truth is that is difficult to fix something, we do not know how to fix it. It is the reason we must accept issues going inside our hearts and then confess them to God, receive His love, and allow God to heal our hearts. Once again, therapy or Christian counseling can help greatly in seeing what is bothering your self-esteem. There is a practice that can help figure out what is bothering you, and that is writing in a piece of paper what bothers you and in the other side what does not bother you.

When we write our strong personality or weak ones then we can see better on what we need to work on.

Have you heard that practice makes things better? Then we can write 7 weaknesses that can become good qualities. We work on those weaknesses with the intention of putting them on the other side of your paper.

Do not give up, no matter how long it takes, you will have good results. I have worked on changing many weaknesses, and I know that with the word of God and counseling I am where I am today. The important thing is to improve, we know no one can achieves things over night. We know that we are not alone, that with God's help we will achieve it. When you keep your list close where you can see it, it will help you see how close you are from achieving your goal. We will learn and value our virtues and so increase our self-steam. Already God has said, we are precious, made by His hand, chosen generation. God loves us so much that gave His son Jesus to die on the cross for you and me. You know why? Because God loves us. He already has given us power to conquer all our low self-esteem and many other difficulties we might have; we just must believe in the promises of God. We are more than conqueror in Christ our Lord.

Reasonable expectations

Unreachable expectations can cause us to get desperate, without hope and it can damage our self-esteem. It is important to make achievable expectations. Reasonable expectation is wonderful because things can happen in our lives. We must be flexible and understanding of ourselves.

Let us remember God's promises, He see us as perfect children of God that should increase our self-esteem.

We know the word says, with God anything is possible. Let us be realistic with our expectations and allow God to work in us, especially on our goals, dreams or expectation that depend on someone else, like your boss. Remember that there is no one perfect and that sometimes certain things or projects can go wrong, do not stop your goal if something goes wrong., keep believing and keep trying. See what adjustments you can make to make them happen. Many people have failed before and kept trying, like Albert Einstein. Get up and keep on going, your blessing is will come.

Always check your list of expectations and see what other people expect from you. Do not allow people to overwhelm you. The main thing is to keep a balance in your life and a calendar. It helps maintain a balance and helps remember what to come. It is important to maintain a positive attitude to any situation.

God will give you victory if you do not give up. Remember believing in God is know, you are not alone. Believe in the promises of God and you surely will succeed in everything your hands touch. When you know what God wants you to do, then you know those things will flourish and you will be successful. Your self-steam will be wonderful, when God agrees with your goals, expectations, and even when there are problems, you know God will help cross the river. God will make way where there is no way when you believe. Do not allow your self-esteem go down when things are not coming out the way you wrote it or expected, make them achievable and do not give up God will be with you, if you believe.

Did you know, I was afraid of computers? I went to take computer lessons, there the fear of touching them when away. I would have been unable to write this book if I did not try to learn computer typing. I am glad that God and my relatives encouraged me to do it.

The truth is that if they are good things the Word of God promises, and they were made for you to enjoy. God wants you to be victorious. God wants to see your courage, blessed, healthy, God wants your finances been blessed. Let us keep believing and do not allow anything or anyone put you down because we serve the greater God of the world and He will do what he promised.

When we are perfectionist, our self-esteem can be in danger because we might put expectations that might not work out. Let us remember that God is perfect, and He see us perfect through His son Jesus, but we are humans who will make mistakes. Let us learn from mistakes and make obtainable goals so we can achieve them with God's help.

When we are in God's will, nothing can stop that blessing coming to you. Achievements are real so feel valued for achieving your goals. God give us the power to do wonderful, good things, let us be grateful to God for the wonderful things that been accomplished.

Mistakes

For though the righteous fall seven times, they rise again, but the wicked stumble when calamity strikes (Proverbs 24:16 NIV). Do not think you are a bad person for making mistakes or that you are inferior, incapable to other people. You are chosen generation; you are a child of God. There is no one in earth that has not done any mistake. It is through mistakes that we learn to make better choices, as result we learn to be better humans.

Many times, we get influence by certain people and we end up making the wrong choice. This just means that we must be careful to whom we listen to. It is the reason why we are told to read the word of God; the word gives us solutions to situations in our lives. The more we read the word and pray, the more we will know how to make better choices.

Let us allow the word of God influence us emotionally. What God clean, clean is. In life we will have problems of all kinds, but Jesus conquered all kinds of problems so we can live in victory. Mistakes are part of learning process to all and this too we can overcome.

The importance of time

Be very careful, then, how you live not as unwise but as wise, making the most of every opportunity, because the days are evil (Ephesians 5:15-16 NIV). We must balance life and make time for God meaning having a close relationship with the creator of heaven and earth, family, our health, ministry, or church.

In Genesis we can see that God created the family and it is for the benefit of humanity. Giving time to what God has put in our hands God will give out good results in our lives. Married couples should take time for each other. When you give your family the time deserved, God will bless you. To make time for the things God has put in your hands, means you take care of it.

It is important to balance your life so that we may be found righteous before God. The day has 24 hours now what you do with it, says a lot about you. We can build our relationships, or we can put value in the wrong thing. God commanded us to build, to restore, to heal, it is the reason we must be the light in the darkness.

You are the salt of the earth. But if the salt loses its saltiness, how can it be made salty again? It is no longer good for anything, except to be thrown out and trampled underfoot. You are the light of the world. A town built on a hill cannot be hidden. Neither do people light a lamp and put it under a bowl. Instead they put it on its stand, and it gives light to everyone in the house. In the same way, let your light shine before others, that they may see your good deeds and glorify your Father in heaven (Mathew 5:13-16 NIV).

When we give time, we are being the salt of this earth, there we are healing others. Just like the salt disinfects, it also heals wounds, and we were called by God to heal, serve others. Then there we are do God's work. Whatever you do, work at it with all your heart, as working for the Lord, not for human masters, since you know that you will receive an inheritance from the Lord as reward. It is the Lord Christ you are serving (Colossians 3:24 NIV).

Worry or Anxious

Do not be anxious about anything, but in every situation, by prayer and petition, with thanksgiving, present your request to God. And the peace of God, which transcends all understanding, will guard your hearts and your minds in Christ Jesus (Philippians 4:6-7 NIV). Being anxious is not good. When you get anxious, it is because something caused you worried, or stress and you get defensive. Did you know the body to defend itself from worries? The mind is put on alert for situations that seem threatening. Everyone has this and it is normal to certain point. When a person gets anxious is something inside the emotion that anticipating a response of an awkward situation.

The truth that the solution to anxiety is prayer, of course this is in the world of Christianity. My son used to sing a song, "I have a direct phone call and that is Jesus. "The truth is that prayer is like a phone and it is a direct phone call. Honestly, I do not think there is anyone better then Jesus Christ who can listen to our needs and complain of life. Now when Daniel learned that the decree had been published, he went home to his upstairs room where the windows opened towards Jerusalem. Three times a day he got down on his knees and prayed, giving thanks to his God, just as he had done before (Daniel 6:10 NIV). We see that Daniel would have the windows open and would pray 3 times a day. For generations, we can see that prayers work to take away worries, sorrows, pain, sickness and much more.

Being anxious can create problems in your body. Anxiety can give us worries problems like ulcers and stress. We can see how the nervous system can be damaged. From history we see that King David also had worries, anxiety and he ran to God's presence. We can change our mind set into a positive mind set. The Apostle Paul felt worried about the churches, but he adopted a different attitude and that was to write encouraging letters to the different churches. We can change anxiety habits into positive practices.

I can do all this through him who gives me strength (Philippians 4:13 NIV). We can train our minds so we can bear good fruit for us, our families, and churches. When we let worries take control of our minds, we cannot operate well in the ministry that God has given us. God can help us stop all negatives taught. Let us hold on to the word of God and allow it to make good fruit in us.

Worrying for the things we cannot change, does not mean it will change. Worrying will not change the world. When we get hold of the presence of God and have that relationship with God that will give us happiness, and peace.

Extreme anxiety can turn into phobia, a panic disorder. We cannot let anguish, worry extreme worries invade our hearts. We come to the cross which is the one that can release us from all worries. It is with Word we become victorious. We have heard that too many worries, anguish can turn into physical problems.

Have you ever gotten so worried that you felt dizziness or with headaches? Make sure is not extreme worries hidden somewhere inside your heart. No matter the symptoms with Christ we can overcome any anxiety or worries. Christ gave us the power to overcome obstacles in our lives.

Worries & anxiety

All over, we see that the biggest anxiety problem is money. Have you ever walked in a busy town; have you notice their facial expressions? Everywhere we see a lot of people worried about many things, like money, jobs, family, etc.

The truth is that in this world we will have afflictions, but God will help us. It is only with Christ that we obtain the real peace that over passes all understanding. There other anxiety worries problems like broken relationships, divorces, or family problems.

When we get hold of the presence of God, there we feel safe and anxiety goes away. In the presence of God that we get freedom from anxiety. It is important to have genuine a personal relationship in God's presence. If we serve others, our anxiety or worries get redirected and we will feel good.

There is a good anxiety and that is the one where we tell ourselves to go help others. It is the force that drives us to properly deal with people or situations that need help. Let us look at an example of positive anxiety. Paul, he was anxious, concerned about the churches but inside the jail, he wrote letters to many churches, so he used his worry, the anxiety to rechanneled it to do good. Besides everything else, I face daily the pressure of my concern for all the churches (2 Corinthians. 11:28 NIV).

The truth is that anxiety and a little worry to certain extent is good. When we have positive anxiety, that positive force will helps us make good decisions. A good worry or good anxiety will give us strength to deal with the problem in a positive much better way. Good anxiety helps us live life better, it gives us the drive, the push to reach the goal where we want to be.

Now also, we got the excessive worry or anxiety about the future and that anxiety is bad. The excessive worry causes us to catch fear and weaken the desire to fight back. The extreme anxiety paralyzes you. Have you seemed elderly worrying about what will happen in the future? Also, there are other people who lose the desire to live, the reason for this extreme anxiety. The extreme anxiety or extreme worries does not let you grow in the emotional round or spiritual round. We must trust God and really allow Him to give us strength so we can grow healthy only then the purpose of God will be flourished.

Do not give the power to the mind to do whatever it wants; we must be aligned with what God wants. Let us get out of insecurity and fear, we cannot go into a circle. Jesus Christ has come to give us freedom and blessings. Let us remember that prayer breaks barriers of fears, anxieties, frustrations, and heart pains caused by the past.

God gave us victory on the cross. His promises are faithful and real. We cannot be anxious with extreme anxiety because it can ruin God's purpose in you.

The good anxiety is the one that will help you finish a project. It will give you assurance that God is there. We must draw a distinction between being anxious and being a drive laborer.

Anxiety is a defensive mechanism which will help you drive to you accomplish certain task. Anxiety is a system of alertness to situations considered threatening. The function of anxiety is to mobilize your body and to alert of danger, like the risk of threats of life. This anxiety prepares you for consequences to be smaller.

Did you know that anxiety can be passed down from to generations, from parent to child, it works like an inheritance, but this would be a bad one? Children can learn anxiety when they see their parents' behavior.

Today we can see many people who anticipate events in a pessimistic or in an exaggerated or drastic way. They always think the worst, the truth is that I was infected by this bad inheritance of people that worried about everything and as result, they are always with anxiety. It was very difficult for me to get out of this, only the power of God helps me, not even counseling. Those people specialize in imagining terrible things. They can never relax completely because when they have resolved one problem, then they think about the problem. That is why, we must let Christ heal our hearts, emotions.

Having an extreme anxious character is a psychological problem that can be improved with certain techniques. Now we can see how negative thoughts can do a lot of damage. The Bible tells us to take every thought captive to Christ's obedience. Cognitive therapy involves teaching to think more positively and that is very helpful.

The extreme anxiety is not a sin, we see Jacob, David, Jeremiah, and other men of faith had many moments of great anxiety. But during these anxieties they went to consult to God. Can any one of you by worrying add a single hour to your life (Matthew 6:27 NIV). We see the word add, which is the point of producing restlessness. We can see here that these men were anxious, and they went to God.

God does not approve of extreme anxiety because it shows little confident in the word. When we get extreme anxious that denies God" s divine character which is that He gives peace that overpasses all understanding, His fidelity and providence. We must continue to believe that God can do more for us than our own selves. Extreme anxiety is a psychological problem that requires treatment and the mighty hand of God. Extreme anxiety or eagerness is a sin that requires repentance. No matter which anxiety anyone suffers, it is important that you connect with God who will give us of his peace that over passes all understanding.

Love

"Whoever does not love does not know God, because God is love" (1 John 4:8 NIV). Love is a universal feeling that a person has for an animal, person, or thing. Also love refers to having feeling of emotional affection towards a person which also includes sexual attraction towards another person (Rae & ASALE 2019 Dictionary).

There are four kinds of love

The Eros, the romantic love of a couple. There is the brotherly, friendly, and committed love which is the Storge-love. Now the Philia-love, this love is between friends, or love for the neighbor, and the Spiritual love which is the purest love, this love nourishes, is generous, it is aware of its duties, the Spiritual love's priority is the well-being of the loved one.

So, what if I do not want love

Unfortunately, not loving brings consequences to the family. Some of the causes of not loving are resentment which turns into pride, and the idea of not wanting to forgive others because they did something and that is a sin.

If we do not open our hearts, it will make our heart like a stone. The truth is that a hard heart does not understand love and that will impede to understand other person feelings or point of views. Besides when we do not love, God will not hear our prayers. When is hatred, resentment, a stony heart God will not hear us, the word says to go and make it up to your brother so God can hear the prayer? The Bible encourages us to go to our brother and reconcile so that God hear us.

But the fruits of the Spirit are love, joy, peace, forbearance, kindness, goodness, faithfulness, gentleness, and self-control. Against such things there is no law (Galatians 5:22-23 NIV). Love can change the husband and many things around us. Let me tell you a story of a man who went to see a psychologist and told him that he didn't love his wife and that he wanted to get a divorce, the psychologist told him, then you have to love her. The man got angry, and told him, I told you, I do not want her, the psychologist told him, I told you, you must love her. The psychologist told him; how can you tell me you do not love her if you have not tried.

When we love, we see the need of the husband, wife, people from church. The Word says true love suffers all. Christ told us that we must give to receive. We need to allow Jesus to work inside us through the spirit of God. "For God so loved the world that he gave his one and only Son, that whoever believes in him shall not perish but have eternal life" (John 3:16 NIV).

Let us put in practice the Eros love which is to our husband or wives. We must love our brother and sister in Christ, or our friends with the Philia love or friendship love. The family love which is Storge love. Let us love with the Agape love which is charity love or just been concerned about the well other, example feeding the homeless.

Love can transform others, but it can also be suffered. Anyone who claims to be in the light but hates a brother or sister is still in the darkness. Anyone who loves their brother and sister lives in the light, and there is nothing in them to make them stumble (1 John 2:9-10 NIV).

When we love, we forgive and that opens the window of heaven for many blessings. It is necessary that we forgive others and so of ourselves too, so our hearts get heal. When our hearts are healing, our homes, family also gets healed. For example, our children would be able to receive healthy love, you see the miracle of forgiving others and ourselves.

When we allow God to fill us with his love then, it gives us power to forgive others and ourselves. When our hearts are healed, then the Spirit of God move in our lives. The opposite also happens when we do not forgive. The Spirit of God gets sad and does not move the way it would like in our churches or in our lives.

It is important that we allow ourselves to be shaped by God's word so we can obtain victory. Jesus Christ said, my people perish for lack of knowledge, the knowledge of God helps us overcome obstacles of life. Therefore, let us get hold of God's love.

Lie/Deceit

The Lord detests lying lips, but he delights in people who are trustworthy (Proverbs 12:22 NIV). No one who practices deceit will dwell in my house; no one who speaks falsely will stand in my presence (Psalm 101:7 NIV). There is a reality that for most part when a person lies, he knows is lying and knows it is not true. Also, we know that no one is perfect, and Christians know that we come from Adam's sin. But in Christ we must be new creatures. We must let the old ways go and allow the word to transform us in a daily basis.

No matter what size the lie is, still a lie. The more someone lies, the harder it gets to say the truth. There are many people that deliberately lie to advance their professional career or social status.

Ambition vs. Greed

Do not store up for yourselves treasures on earth, where moths and thieves break in and steal (Matthew 6:19NIV). Greed is an unreasonable desire to have wealth and goods. We find that in the Christian world to be greedy is a sin. Therefore, let us find which extreme ambition is bad. A good ambition would be to study and work hard. But to get what you want at the expense of others suffering that is the bad ambition. The truth is that the Bible says clearly, greed or extreme ambition brings nothing good. I called it the good ambition which is the impulse to achieve something, this good ambition helps us achieve things but greed or the extreme ambition to is have what others have and harm to get them, then that is a bad greed.

I believe that for many years, we have confused the word ambition and greed. We can see that in many churches, they are still teaching that is bad to be ambition, but we know that there are limits as to how much ambition you have. How much impetus and desire we put into getting our goals, studying, a job. This is a good ambition and even God wants us to prosper. We can see how many people might have not achieved their goals because misunderstanding the real meaning of ambition. Like studying in college or buying a house. Let us remember that the God we serve is a good God, who promises to bless us.

The difference between ambition and greed

Greed makes you believe that you can get anything at any cost. Greed or extreme ambition is a sin. We see the example of the fallen angel who transgress against God because he was extreme ambitious, and he had the greed for power. Being ambitious is not wrong, it is the extreme ambition or greed that can destroys a person.

We can see that in this society, we get push to get selfish. I would say the society do not help in spreading the bad ambition. The culture teaches that to have more is something good. Let us remember the difference between the bad ambition and good ambition.

King David had the greed to take someone's else wife and he did, we see the bad ambition or the greed that can destroy others.

The good ambition is not bad because we can see that God Himself commanded us to work with the sweat of our foreheads. I often meet people who confuse the word ambition with something bad. I was confused about been ambitious was taught that to be ambitious was bad or to desire more was bad.

The truth is we cannot destroy other people goals because we were taught that to dream was bad. God said, asked and it will be given to you. Let us not forget the word of God, which encourages us to advanced spiritually. Dear friend, I pray that you may enjoy good health and that all may go well with you, even as your soul is getting along well (3 John 1:2 NIV).

It is not bad to want to better yourself, it is how you want to better yourself or at what cost you want to get it. If we put God first everything else will all into place.

Double Minded

(James 1:8 NIV). Double minded is when a person starts something and does not finish it. One minute wants to conquer the world and the next moment changes mind. It is like having mood swing. A double minded person usually has a double minded spirit because the person lacks firmness of character. Such a person is double-minded and unstable in all they do (James 1:8 NIV).

We can see the characteristics of the inconstant person which is usually insecure and with that kind of person you cannot count because changes mind fast. We must give God our habits so we can be transformed by the Word.

Failure vs. Victory

This righteous person may have many troubles, but the Lord delivers him from them all; he protects all his bones, not one of them will be broken" (Psalms 34:19-20 NIV). Many times, we believe that God does not hear us, and we feel as a failure. God himself told us, that we are more than victorious in Christ Jesus. We must position ourselves for

God's blessings, we have adopted the righteousness of God. He said that we are chosen generation, ambassador of God in this earth. Therefore, we are in victory in Jesus Christ, we must let go of low self-steam, all those failures of the past must go. We are heirs of God; we are not slaves of the enemy. We must take by force our blessings that God already has destined for us. Let us be free from sin, like depression, misery, poverty, tire of, divorces, etc.

It is important to have discipline and be able to set a schedule, so plans come with success. We must manage well what God has entrusted to us. Good Stuart ship will forward good results. Let hold on to God's word and get full of courage because God already has won every battle for us.

Why? Never go to battle with an outstanding debt

Let no debt remain outstanding, except the continuing debt to love one another, for whoever loves others has fulfilled the law (Romans 13:8 NIV). In the Bible, we see the Israelites had done evil and went to war, but the outcome was different than they expected. They had to go to God and repent, later they went again and had the victory. We cannot go to war when we done wrong because chances to win will be little. It is the reason why we must have every debt settled with God.

One way to settle a debt with God is to ask for forgiveness of our sins. We must repair damage done. To pay a debt is an obligation to pay, return an amount of money or replace a material. When the Israelites went to fight, they did not remember they had done a wrong action to God, they disobey and lost the fight. The reality is that when we do the opposite of God's word, God will not be on our side to win that battle. Therefore, we will have to accept that we are going to fight that battle along. When we are on the side of God and do what is right, then we know that Gol will be there to win the battle with us.

A Victorious Life with Christ

For God so loved the world that he gave his one and only Son, that whoever believes in him shall not perish but have eternal life (John 3:16 NIV). Let us take salvation seriously, leaving the old man behind, meaning the old bad habits behind and accept the new cloth that God gives us. We must take in the whole armor of God which is His total word inside and out of ourselves so we can shine God's glory. Prayer and the reading of the word is a powerful weapon against anything that might try to stop us from having a victorious life in this earth. When we get hold of God's word, we can soar like an eagle and see many blessings beyond the horizon.

When we take God's word seriously, it takes us to new heigh and there when we live on the rock which is Jesus Christ then we live in victory. The word says all things are new and indeed are new if we let them be new. But things cannot be new if we remember the old ways, like Egypt. We must focus in the new the wonderful, good things that God has in storage for us. To be in victory in Christ, we must let go of the old baggage that brough us so many sorrows at one time. We cannot enter the promises with the same attitudes. The victory for us, Jesus Christ has already won it for us. We must believe and get hold of them.

For I know the plans I have for you, declares the Lord,

plans to prosper you and not to harm you, plans to give you hope and a future (Jeremiah 29:11 NIV). They are the ones who will dwell on the heights, whose refuge will be the mountain fortress. Their bread will be supplied, and water will not fail them (Isaiah. 33:16 NIV). We can be victorious but in order to have victory in Christ, we must have an intimate connection with God and this is through prayers and reading of the word but not only that we have to allow the word to change our old ways. We must desire to be holy because He is Holy and that is where intimacy with God is achieved, as result we get the victory in our lives.

As believers of God, we must let the earthly nature die in us, like Put to death, therefore, whatever belongs to your earthly nature: sexual immorality, impurity, lust, evil desires and greed, which is idolatry. Because of these, the wrath of God is coming (Colossians 3:5-6 NIV). God gives us victory when He sees our effort.

The first time I climbed Mount Sinai in Egypt, it seemed to me that I would not make it, but I tried, and I achieved it and sure God also help me. It was wonderful to feel at the top of that mountain likewise Christ is our rock. To walk in victory, we must manage time well. First, God's time like the reading of the word and prayer and really allowing God to minister our hearts in a daily basis helps a lot. We must put our desires, dreams, prayers in God's hand but also, we must act on them. God time must come first because God will give us strategies on how to walk from victory to victory. Knowing God's will for us will help us focus into the blessings that already are ours.

Reviving or Reawaken

When he came to his senses, he said, how many of my father's hired servants have food to spare, and here I am starving to death! Will set out and go back to my father and say to him: Father I have sinned against heaven and against you (Luke 15:17-18 NIV). When we set our eyes on Jesus, then we will come back to himself. When we are look the other way, then we cannot see the miracle or blessing to come.

When we take our face off from Christ, there will be pain and sorry the other direction. We are beautiful in Christ and more than victorious. Let us wake up and stop being slaves of a bad history. We are chosen generation, ambassador of Christ. We also need to stop seeing ourselves as a victim of this world. Let us see that we were created for a good purpose, we were born to be blessed.

You are a jewel, the art God created. You already have everything you need to overcome issues in this earth.

Let us wake up and see that we are co heir of Jesus Christ kingdom. Let us see that we no longer need to feel insecure because God is with us. His love will never depart from us. Let us see and realize that your thoughts were only your opinion and not of God.

Many times, we feel alone on this world, but remember God's promises endure forever. You were created to enjoy what God made in the world. God is just and faithful to forgive and to raise us back again. God is in control of everything.

When we pray it helps us realize that we are not alone. God gave us freedom to enjoy the blessings. No matter how many issues, we are not alone, we are not slaves of sin. The truth is that God is always there to waken us up. He has always been there is us who leave his side. We must continue to believe God promises, He is our Father willing and able to help us and blessed us. We must rise with Christ because we will have the victory.

The Lord will never abandon us if we repent, Jesus is faithful to forgive us and raise us again. Let us remember that the prodigal son story, he repented and back to the father's house. The Holy Spirit is always ready to guide us. When we are under the guidance of God, under his mantle, under his purpose, then you will know that there in the obstacle God will come to rescue you. It is important to know if you are under God's will so His purpose is accomplished in you. Let us humble and recognize that only God can reawaken us, so we learn that is though God that we have what we have. When we ask God to forgive us and humble surely, our hearts will awaken to the Spirit of God will. Let us allow God to renew our minds.

What to do when I do not know what to do

When we are confused and do not know what to do, let us not give up. The Bible is the recipe to have victory our lives. When we come humble and repent of sin, God is just to forgive us. When we repent God gives us spiritual weapons so we can win any battle. All confusion must go when we believe God. When we do not know what to do and we are confused it is best to wait in God's response. Let us not make fast decisions because that can bring more problems.

When we put all our problems in God's hand, we can

rest assure that God knows what to do. We must rely on God's wisdom; He knows everything and knows what is best for us. It is important to walk under God's purpose because God will have our back.

God will overcome every obstacle when we put our lives and our faith in Him. We must hide in the rock that is Jesus Christ. Only like this, we can be safe from all evil, there is no confusion when we know what God wants us to do.

Marriage

Marriage should be honored by all, and the marriage bed kept pure, for God will judge the adulterer and all the sexuality immoral (Hebrews 13:4 NIV). Marriage establishes a union that is recognized by society. Marriage is practice in many cultures and religions with moral norm.

It is important to take care of your marriage relationship. Marriage is sacred in the God's eyes therefore we must put great effort to make it work. Communication with your partner is very important. Respecting each other is as necessary, just like as asking for forgiveness to each. When we respect each other, our children see that that way they learn to respect others.

Let us show love with actions. As Christians let us show the fruit of the spirit. Let us continue showing a good character. When two people come from different cultural background, you will have some issues but remember that with God's guidance, the word things can get better. In a marriage is important to know where the person coming from, like how the person was raise.

Never take things in a negative way so bitterness does

not stay in the heart, it is easy to forgive because God forgave us first. The truth is that we have all hurt someone in each time. The word says, we all have fallen from the grace of God. But thank God to Jesus Christ who came and through Him we find forgiveness of sin.

Let us remember the Word of God, also reading books that helps with marriage grow is wonderful. The Word says everyone perishes for lack of knowledge. Then let us learn beautiful things that will enhance marriages. Let us adopt good habits to help marriages. In 1 Corinthians 13 talks of love. Love can do good things. God, Jesus Christ came to give us life in abundance. Jesus gave himself on the cross for us and it was for love.

For love we are saved, for love we are forgiven, and we have fellowship with Christ. For love we can love the husband and can forgive and believe God can fix everything.

Let us keep adding good things to each other in marriage. Every morning is a chance to make marriage better. Marriage must work on by two people not one. A respectful communication, honoring each other and seeing the goodness on each other is the way to go. The word says that by faith Abraham went where God was asking him to go. Therefore, by faith in the word and remembering your vows to each will take you to wonderful paths. It is through believing in Christ, the Holy Spirit will strengthen us to continue till the end. On God's eye marriage is a good thing and bless is the man that finds a woman to be his wife. We all need to be work on by God so let us be sensitive and allow the word to transform us from glory to glory. Today is the day to change for that beautiful marriage. There is nothing that God cannot do. God did not want us to be alone that why He created Adam and Eve.

Living for God

Therefore, if anyone is in Christ, the new creation has come. The old has gone, the new is here! (2 Corinthians 5:17 NIV). When we want to live for Christ, we let go of the old bad nature or habits and we adopt good new ones. When we start as new Christians, we are babies, and we must be fed like one. But as we get older Christians, we must be feed hard food or stronger word. Living for Christ is to grow in maturity of the word as believer.

When we put in the heart to grow in the things of God and are willing to do His will what then we grow. The word will be shaping us. When we mature as Christians then we will come to the perfection of Christ. We must come to Jesus in a daily basis with prayer and supplication to the Father so Jesus can renew us, there we will reach the goal that the Father has already has for us.

A broken spirit

My sacrifice, O God, is a broken spirit; a broken and contrite heart you, God, will not despise (Psalm 51:17 NIV). God loves a humble broken spirit, but He hates a haughty spirit. When we come to God with true repentance with a broken spirit, there He raises us back again. We must be humble to family, friends, school, work, or church people. We must give good example of being Christians. Usually, stuck-up people are not well like anyway. A broken spirit is the opposite of stuck-up. When we are stuck-up, we are denying that Jesus is in our lives. Let us allow the word to change our character, our habits that might be a hinder to the growth in Christ.

Using the gift God gave you

"Each of you should use whatever gift you have received to serve others, as faithful stewards of God's grace in its various forms. If anyone speaks, they should do so as one who speaks the very words of God. If anyone serves, they should do so with strength God provides, so that in all things God may be praised through Jesus Christ. To him be the glory and the power for ever and ever. Amen. "(1 Peter 4:10-11 NIV). The Gift of God is given by God and is free. God's gift is used for the glory in this earth. It equips, prepare us to help people.

So God himself gave the apostles, the prophets, the evangelists, the pastors and teachers, to equip his people for work of service, so that the body of Christ may be built up until we all reach unity in the faith and in the knowledge of the son of God and become mature, attaining to the whole measure of the fullness of Christ (Ephesians 4:11-13 INV).

All Christians have at least one gift from God. The Holy Spirit distributes the gifts. Let us remember that the trinity is one, read more in (1 Corinthians 12:11 NIV). The word urges us to ask for gifts (1 Corinthians 12:31 NIV). We all have something special from God. We must see in where or how we are good, and you allow God to enlarge that for his kingdom. If you are a Sunday School teacher, preacher, a businessman then that was given by God. We must value the gift God has given us, and we must use it so that others may be blessed.

Hate

Hatred stirs up conflict, but love covers all wrongs (Proverbs 10:12 NIV). When someone hates feels an urge to harm other. Hate take a lot out you; you get older faster and the body uses lots of energy which wears you out. Also, physically hate draws energy that it can cause ulcers in your stomach. Maybe you seem people given lots of excuses why they hate. Let see the media today, lots of crimes, violence because of hate.

Have you noticed that people who hate to have struggles with themselves? People that hate usually have emotional issues and they believe that gives them the authority to hurt others.

The truth is that weather is in their homes or in our society still not excusable to have hate because at the long run they are hurting is themselves and the ones they love and out of confusion act unreasonable. Whether Christian or not hate is an act that we must repent and take the path of Christ of forgiveness and love. The word says, love covers all.

We must forgive those who have hurt us. The word says, if do not forgive the Father in heaven will not forgive us. When we forgive God will blesses us. When we keep hate in our hearts that is like given power to those people who offended us. Let us remember Jesus took our sins to calvary so we can be free from the bondages of this world.

We must let go of hate so God can transform us by the renewal of the mind by the Word. Also hate makes people very bitter so unhappy. The recipe for happiness is to forgiveness. We must accept God's love in our hearts and allow his love to flow through us. When we accept God's love in our hearts is then that we can love others.

The Gossip

A gossip betrays a confidence; so, avoid anyone who talks too much (Proverbs 20:19 NIV). Gossip in the Hebrew culture is someone who reveals secrets. A gossiper is a person who has private information and reveals it to other. Most people that gossip wants to make themselves great. We can see God's favorite angel, who was cast down to earth, he wanted to exalt himself. We probably have seemed many churches divided because of gossiping. It also has caused certain marriages get divorced.

It is important to receive the correction of Christ through his word. The mouth of fools is their undoing, and their lips are a snare to their very lives. The words of a gossip are like choice morsels; they go down to the inmost parts (Proverbs 18:7-8 NIV). The truth is that our children are seeing what we do and, in most part, they will copy what we do. We understand there is exceptions.

Without wood a fire goes out; without a gossip a quarrel dies down (Proverbs 26:20 NIV). It is important to get away from gossip, we need to make things clear so that gossip stops. Understanding that not all people are discreet then we know we will be careful to whom we tell our issues.

The word says, the tongue is small, but it can do a lot of damage. As believers we must use our tongues to build and do good and not evil. It is hard to train a tongue not to gossip but it is possible. The word says with God all things are possible.

Taking care of what you love

If anyone does not know how to manage his own family, how can he take care of God's church? (1 Timothy 3:5 NIV). Taking care of what you love also goes alone with the salvation God gave you which we take care.

Also, it is important to take care of the things God has entrusted in our hands, like your spouse, family, spiritual life, your work, your church, your ministry. The truth is that if you truly love God, you will take care of what God has given to you. When we truly love our hearts are touched and we can value, love, take care of what has been given to us.

Do not conform to the pattern of this world but be transformed by the renewing of your mind. Then you will be able to test and approve what God's will is-his good, pleasing, and perfect will (Romans 12:2 NIV). The word will transform us through prayer and the reading of the scriptures. It will transform us and make us have that love we need to take care of what God has entrusted to us.

A friend

A friend always loves, and a brother is born for a time of adversity (Proverbs 17:17 NIV). A true friend is a friend always. Greater love has no one this: to lay down one's life for one's friends. You are my friends if you do what I command. I no longer call you servants because a servant does not know his master's business. Instead, I have called you friends, for everything that I learned from my Father I have made known to you (John 15:13-15 NIV).

Jesus is the pure example of a true friend; He gave his

life for us all. When we trust in Jesus and do his will then we become His friend. Also, there is another example of a true friendship which was between King David and Jonathan. The Word reminds us that to have a friend, one must be a friend. A friend is someone you can trust with complete confidence. A real friend does not want to hurt his friend.

Stand in the gap

I looked for someone among them who would build up the wall and stand before me in the gap on behalf of the land so I would not have to destroy it, but I found no one (Ezekiel 22:30 NIV). This is familiar in my life, the truth that many years ago, God gave me the work of being in the gap for my brothers and sisters in Christ and for family. I discovered that it was not just praying for people but been able to feel the pain of others. When we went to Guatemala for missionary work there, I could feel their pain.

I discover that when we become servants, able to serve others then our own problems of life become tiny. There we no longer focus on us but on the other. Meantime God will work in our needs. When we get in the gap and pray for that person with labor pain, there God makes a miracle.

When you get in the gap, there you take their pain yours and you make that pain yours. Christ also put himself in the gap for humanity. It is then that God makes miracles and wonders. Moses interceded for his people and placed himself in the gap for the Israelites and God saw someone stood in the gap and spare them.

We cannot faint, we must continue to pray for more intercessors who can put themselves in the gap for churches, families, and nations. If my people, who are called by my name, will humble themselves and pray and seek my face and turn from their wicked ways, then I will hear from heaven, and I will forgive their sin and will heal their land (2Chronicles 7:14 NIV). To pray for another like Moses did, we must put ourselves in the gap. Therefore, it is important to meditate on God's word.

The battle of the mind

Our minds are the battlefield where we are constantly fighting against the enemy. When we give our lives to Christ, we must allow the word to heal us. We can overcome obstacles in life when we get prepare with the word. Let us stay positive knowing God is in control of everything. Do not allow your mind to be a nest for and instead for the enemy bad input. We win the battle of the mind when we submit to God's will and keep praying believing I the word. Jesus set us free and we must hold on to the word. All battles are won in the knees and with fasting. Let us adopt new thoughts, a new creature because Christ already pay the price on the cross. Let us not cling to old ways but let us renew our minds like Christ. We are more than victorious in Christ Jesus.

Fear and fear for God

Have I not commanded you? Be strong and courageous. Do not be afraid; do not be discouraged, for the lord your God will be with you whenever you go (Joshua 1:9 NIV). When someone is caring the imagination goes into a negative mode. Fear can be a physiological emotional issue. But also, there is good fear which can help you survive because a positive fear can alert you of a threat.

Long ago I felt wanted to go out, but something was telling me not to go. But I went out any way. What happen, I got into a car accident, you see the fear of God will protect you. God was warming me not to go. This kind of fear helps us to be prepared or prevent problems. The good fear helps us, but the bad fear stops us from reaching our purpose in God and even our dreams.

I must first explain that fear of the Lord is good, this kind of fear is necessarily, and it does not mean you are afraid of God. Fear of God is a reverential fear for His power and glory. It is a respect for His anger, and we can see this in Revelations. When we recognize that God is in everything, then we can recognize and accept his power and reverence Him. t When we developed a relationship as friend of God, then we fear him not afraid not in the bad sense of the word.

We obtain blessings and benefits from God when we know Him and fear Him. The word says that the beginning of wisdom is the fear of God. The fear of the Lord is the beginning of wisdom; all who follow his precepts have good understanding. To him belongs eternal praise (Psalms 111:10 NIV). Christ has given us the power to overcome so we need to trust and love God completely.

Sometimes we often fear the future and what will happen to us. God promised to be with us to the end. Once we have learned to put our trust in God, we will no longer be afraid of the things to come. When we have good fear, it helps us run out of trouble, the good fear warms us of what not to do. Like the story of Joseph and Potiphar's wife who tried to seduce him, and he run away because he feared God. We see that the fear of God, I helped him run from that woman.

The evil fear or being in despair been frightened of the things unknown or the feeling that God is not there is a terrible feeling. As Christians, we must hold on to the salvation that is given to us through Jesus Christ. We are more than conquerors in Jesus Christ.

God said to be courageous and that Christ left us the Holy Spirit to help us, to guide us to all righteousness and all truth. The fears or traumas that certain people certain might had caused in our lives can be healed by the power of God in our lives. All fears and traumas can be gone with the word of God, we just must believe. The Word tells us that Christ erases all sin and throws them into the sea. How beautiful to think that we can totally trust God?

Emotional stable

"If any of you lacks wisdom, you should ask God, who gives generously to all without finding fault, and it will be given to you. But when you ask, you must believe and not doubt, because the one who doubts is like a wave of the sea, blown and tossed by the wind"(James 1:5-6 NIV).

Unstable emotions are usually disfunctions in our mind, it is related with the chemistry of your body, in the mind. A bad chemistry of the mind can become a mental disorder. Have we ever seemed a person with unstable emotions most probably that person is constantly moody? When a person is emotional unstable that is inability to control emotions.

Even when our emotions might not be stable, we Christians know that God is faithful and just to help us get free.

Also, unstable emotions are instability of emotions that are hidden reasons, like anger. Emotional unstable can cause difficulty of settle down and that leads us to bad decisions.

For Christians it is important to pray and wait for God's answer before we decide to act on any decision. The Word always give good solutions for our lives. We do not want uncontrolled emotions to dominate the course of our lives, the consequences can be sad because uncontrolled emotions do not let us be happy. There is internal conflict these people experience with themselves and that can be the cause of lot of emotional pain hidden within. The sad part is that when we uncontrol our emotions, later we realize we lost control of our lives. Like the word says, Sin is not ended by multiplying words, but the prudent hold their tongues (Proverbs 10:19 NIV). We can see that too many words are not good, just like uncontrol unstable emotions. We know that there is nothing impossible for God. Therefore, we must place our burdens in the hands of the Lord.

Focusing

Trust in the Lord with all your heart and lean not on your own understanding; in all your ways submit to him, and he will make your paths straight (Proverbs 3:6 NIV). When we recognize that God is in control of our lives and put our whole plans in his hands, then we know that everything will be well.

It is important to focus on the word first and then on the things God has put in our hands. It is through determination and discipline and the word that our lives can reach the purpose that God has already set before us. Whether we focused on good plans for our lives and we put them in God's hand then we know everything will work for good.

Focusing on good goals and visualizing them helps to accomplishing them. Also writing your plans on paper will help see them coming alive. Reinforcing good habits in your life will help to focus better. Even though, we live in such a busy society, we cannot lose focus. It is important that to keep refocusing on God's word because it will help us focus on our plans in our lives. It is with God that we will have victory in anything that we purpose ourselves.

When we put our lives and everything else in God's hand, then everything will fall into perfect position. We know that each person has different needs and want different things, then we know that God's perfect will is better. He is the perfect provider and will allow us to have those things that will increase our lives. Memorization verses from the bible helps to focus on the good things.

Calendars are wonderful tools for focusing on important matters. When we develop practices that benefit our spiritual lives will help with the things, we must do in a daily basis and even with our projects and goals of life.

When we distract in vain things, we run the risk of losing focus and make bad decisions. Let us remember the history of Israel, who went to the promised land and did not cross because they had doubts and complained. They lost the focus of the promise God had made and only two people cross.

Christian Youth

How can a young person stay on the path of purity? By living according to your word. I seek you with all my heart; do not let me stray from your commands. I have hidden your word in my heart that I might not sin against you Praise be to you, Lord; teach me your decrees (Psalm 119:9-12 NIV).

A young Christian that remembers God's grace will be in victory. More so when they read the Bible, pray, and above all stay pure sexually. God said, we are the temple of the Holy Spirit. When young people stay busy with things that builds up, like the Word, good books, and good technology it will empower them with lot of knowledge. Choosing friends that fearful of the Lord will add wonderful things to your lives. When we have good people that really love God, they can help you reach the destiny that God has for you.

Young people that stay humble and continue learning good things and are fearful of God will get mature and it will make you ready for God to use you mightily. Remember to convert them to you and do not convert to them. Remember, you are a chosen lineage. Remember, Jesus Christ was mocked so do not wonder if anyone laugh at you, you can overcome too.

When you love God and fear comes God is there to straighten you and give you a wonderful destiny where you will be blessed to bear good fruits. You will find obstacles in life, but Christ conquered them all. God is on your side and everything works for good. Young people remember serving God is better than serving the world. The world is transient and everything in it will die. Wait for God's will and be brave because God is with you.

Abuse

There are many kinds of abuse, but at this time we will talk about sexual abuse and we can see that this kind of abuse exist in many cultures. In the Old Testament we read stories of sexual abuse and rape, read more about it in (Deuteronomy 22:25-27 NIV). Sex was created by God to be pure by marriage. It was given as a gift from God to man when he gets married. According to the Bible sex is for married couples. Therefore, forcing sex is abuse. Forcing sex on someone is called sexual abuse and it was penalizing by God in the beginning and is today penalize by the law in this society.

Marriage should be honored by all, and the marriage bed kept pure, for God will judge the adulterer and the sexually immoral (Hebrews13:4 NIV). When there is physical or emotional abuse it affects that person and interpersonal relationships are affected.

I had the opportunity to do some research on the population that are abused. According to the survey, most women are homeless and as a result they tend to go into drugs. I noticed on some of them been distracted like nothing was important. To certain point, it looks like they block everything in their minds.

There is a truth that with Christ it is possible to be rehabilitated to be healed from bad memories. I can do all this through him who gives me strength (Philippians 4:13 NIV).

First, to help abused people, they must accept what happened to them. This acceptance can be very painful, the fore we must be patience. God's love in us will give us the knowledge on how to help them.

A series of counseling with the Word of God can help tremendously. With all respect to all professionals, with Christ word it will be easier to help the abuse. It is with the power of God that long-lasting trauma of abuse that can go away. The Word says we are free in Jesus name.

Unlearning habits that have caused us to fall into abuse take time, even counseling with the word will take time and a lot of love and patience. It is by having an experience with Jesus that can transform our lives. We must be careful not to force anyone to get counseling. The person must want to be restored. We can see that Jesus do not force anyone to love him. If counseling is forcing the person will close his heart and counseling will be in vain.

Having a good spirit to get counseling will help because God will be there to help. It is important not to force the hurt person because it will cause the counseling or treatment to go backwards. Even to read the Bible or forcing them to have faith because faith will come by the hearing of the word and that is something he would want to do.

It is our Godly duty of counselors to draw the abuse person towards Jesus with the love that God has put in us. We can help him to know Jesus and then offer him counseling. Remembering if the abuse person has been physical beating, then that abuse must be reported to the authority it is law. You do not want anything worse to happen.

It is necessary to forgive the one who has done the abuse and that is for our own emotional well-being. Also is necessary to forgive ourselves. God made us unique and, in His eyes, we are perfect, and Jesus loves us that gave His life in the cross.

For the believers of Jesus Christ, let us remember that God has thrown our sins in the deepest of the sea. Jesus made us free from internal conflicts, emotional past hurts and we must only believe. It is important to hold on to God's grace. We must let grace come into our hearts and let go of resentment, hatred, guilt, or anxiety caused by abuse.

When we forgive the one that hurt you and forgiving yourself is the beginning of a new life. God call us to be free through his son Jesus. We can be assured that in Christ, we will be restored. Then we can give unconditional love and forgive the offender. Jesus sees us perfect and loves us and gave his life for you. He understands us and we can approach him with confidence. Jesus also suffered as we might have suffered. Even those he loved abandoned him. Jesus said, he was leaving with us the Holy Spirit to guide us and to be with us always so let us get hold of the promises of God and let us open our hearts so it can be healed completely.

Success

Carefully follow the terms of this covenant. So that you may prosper in everything you do (Deuteronomy 29:9 NIV). We see that in Christ we succeed in every which way because without God things seem to have less meaning. God's word can help us grow spiritually and it will be the root for an amazing successful life. When we aligned with God's purpose in our lives then we will feel successful in this society. I would say, we will feel really accomplished.

When we focus on the wrong things, it will be hard to bear good fruit. As a believer of Jesus, we must recognize that God is the one who gives success and the victory. Praying without ceasing and the reading of the Word is the recipes for success in our lives.

Representing God

For we are co-workers in God's service; you are God's field, God's building (1 Corinthians 3:9 NIV). When we represent another person, that becomes an action like if you were that person. The believers are the representatives of Jesus Christ in this earth. Everything we do must reflect Jesus through us.

We know that there is no one without sin, but Jesus gave us freedom of sin on the cross. If we are representatives of Jesus Christ, then we obey his word. We can see that the first commandment speaks of loving God with all your heart, soul, and mind. We see that God is direct and specific.

When we intentionally want to love God, then we get to know Him better. A willing heart is what it takes so God reveal Himself to us. Jesus Christ himself said that we are chosen lineage and ambassadors of his kingdom. Those that have accepted Jesus as only God and Savior know that we must walk and direct ourselves as chosen people of God.

We are supposed to be the light during darkness, so we must reflect the light of Jesus Christ. Let us allow the word to mold us day by day. The old bad things we used to do are died, now they are all made new. It is necessary to speak of behaviors and habits that may prevent us from being representative of Christ. We must reflect Christ in the way we speak and behave. The word will help us be that clean vessel in which God can fill. The Holy Spirit will help us be that clean vessel and we can go from glory to glory.

Wisdom

"Let the wise listen and add to their learning, and let the discerning get guidance" (Proverbs 1:5 NIV). First, it is important to ask God to help us be wise to speak. If any of you lacks wisdom, you should ask God, who gives generously to all without finding fault, and it will be given to you. But when you ask, you must believe and not doubt, because the one who doubts is like a wave of the sea, blown and tossed by the wind (James 1:5 NIV).

It is important to know that God will never tell us anything that will go against what in the word. He cannot contradict himself and God will not command us something that goes against his principles. The easy way to know God's wisdom is when we allow the word to stay in our hearts by reading and studying the word. As we pray, we must ask the Spirit of God to help us discern the truth and to help us know Jesus Christ in a closer way.

The truth is that our ability to discern God's voice depends on how intimate our relationship with Him is. The closer we get to the Holy Spirit through prayers and the reading of the word, the more discernment we will have. The Holy Spirit will guide us to all truth and with Him we will make good choices in life. When God is guiding us, we know that everything will be good. Although many times we might experience chaos, we know God can see before us and we will be victorious. On the side of God, we know we will have wisdom and the victory.

The importance of decisions

Show me your ways, Lord, teach me your paths. Guide me in your truth and teach me, for you are God my Savior, and my hope is in you all day long (Psalms 25:4-5 NIV). We must be very careful on how we give advice to others. As Christians, we cannot make quick decisions without communicating with God first. We must consider the positive and the negative before making final decision. Prayers are extremely important for decision making.

It is better to wait in God's response than to hurry a crazy decision. It is important to get confirmations before choosing your decision. One you decide to keep your positive attitude and your faith active and know everything will work out. You know I realized over the years that is better to wait on the Lord. I learned to wait because if I decide without God's will then I am responsible for the outcome, but if I wait and get God's approval then God will take care of problems.

Long ago, my son was going to be moved to a different place, it was there I had to make a big decision, it was to get out of work fast and go bring him back. And I taught what god would do and God would want mothers to have their children with them. In this situation I prayed and act it out. I felt peace and security of what I was doing so went in an amazing adventure.

Many times, we must stop crying and act courageously knowing that God is with us and that He will defend the weak, he is our mighty warrior. When you know that God is in your side, then you can be certain God will with you. In my case, I made that quick decision because I knew that God was on my side. Let us remember, god loves justice and is a righteous God.

God knows our hearts and knows what we are going to do. When God has given you the yes to some decision then we can rest assure knowing that even if there is an obstacle God will go before us to help. Let us remember the story of Naomi where she decided to go to Moab a village. There she went with Ruth who was the wife of their son who had died. They left Belen the place called the house of bread to Moab.

We can see that was a strong decision that Naomi took. They thought everything was going to be well, but they suffer there. When we moved from the place God has placed us and move thinking something better on the other side, we know that something might not come out the right way. There we must face the consequences.

It is wonderful to know that God will forgive us when we repent from the bottom of our hearts, he is faithful to restore us and rise us back again. When we make decisions without God's will, then we have no guarantee that things will work out for good. That is why the Word exhorts us again and again to be doers of the word.

Knowing God helps in many ways, one is that we can make better decisions and families can be restored. I learned that when we put everything in God's hands, He will give us answers.

Transformation in Jesus

No one who lives in him keeps on sinning. No one who continues to sin has either seem him or known him (1 John 3:6 NIV). For many years I have been able to realize that many times, we are afraid to change our thinking or habits because someone taught us, and we think are all right. I find out that in the word, many things that we taught were alright were not alright. And it is the reason why Jesus stated that we must be born again. Sometimes we believe that if we let go of an old bad, strange customer that we will no longer belong to that certain culture or family or that denying the way we were raised that is totally not true. When we accept Jesus as our only God and Savior, we accept that we will be new creation, a new person, a person which our God will be proud of. Many times we learn habits or customs that really take us away from God but is the word and the prayers that open up our minds to new and wonderful powerful information that will helps us be successful in this life.

I do not mean that if you do not accept Jesus you will not be successful in this life, but you can be successful but the three always is going to be an emptiness because God created us to love God, to have a relationships of wonderful communication with God, is there that we really get complete.

We become new creatures, it means that we must adopt another way of being and is in Jesus Christ. There is protection when we come to Christ and we adopt his nature. The Word transform us day by day. Transformation includes the way we speak because sometimes we are raised in an environment that there is no fear of God and that everything goes.

The formula of heaven is wonderful, we can see some of that formula in (1 Corinthians 13 :1-7 NIV) If I speak in the tongues of men or of angels, but do not have love, I am only a resounding gong or a clanging cymbal. If I have the gift of prophecy and can fathom all mysteries and all knowledge, and if I have a faith that can move mountains, but do not have love, I am nothing. If I give all I possess to the poor and give over my body to hardship that I may boast, but do not have love, I gain nothing. Love is patient, love is kind. It does not envy, it does not boast, it is not proud. It does not dishonor others, it is not self-seeking, it is not easily angered, it keeps no record of wrongs. Love does not delight in evil but rejoices with the truth. It always protects, always trusts, always hopes, always perseveres. Now we know why, we must allow the word to transform us.

Let us remember, we are chosen lineages, we representative Jesus, we are ambassadors of Christ. Therefore, we must behave as Christians, as the children of the living God. He adopted us and gave us a new life and gave us power through his beloved son Jesus Christ. The Word says that what Jesus did in this earth, we could also do which is to put hands and the sick would be healed. Therefore, let us say we are healed in His name, the name of Jesus.

Today is the day to be transform by the word of God, let us make the decision to serve Jesus Christ and be in His presence and guidance. We must ask God for discernment and transformation of mind, attitudes that might be a hinder for our blessings that God already has predestined for us to have.

Depression

We are not alone when we feel sad or depress. Many times, things that had happened to us leave scars of pain or trauma which can become depression. Cast all your anxiety on him because he cares for you (1 Peter 5:7 NIV). For I know the plans I have for you," declares the Lord, "plans to prosper you and not to harm you, plans to give you hope and a future (Jeremiah 29:11 NIV).

In clinical depression, we find a mood disorder in which feelings of sadness, loss, anger, or frustration impede a normal life.

It is hard when someone goes through depression, but we know that with God many wonderful things can happen. To help pression we can see that these following steps many people has taken, and it has worked. Like the prayer, the reading of the word, support groups, sharing with other believers, confession of sins, self-forgiveness, forgiving those who have hurt us, and counseling will help have a better life.

It is amazing that when we help someone else our problems become little. It is wonderful to redirect our taught by serving others, it helps with depression. When our eyes are taken away from the pain and focus on someone that needs to be serve then we can find a release. "just as the Son of man did not come to be served, but to serve, and to give his life as a ransom for many"(Mathew 20:28 NIV).Serving others helps us feel better and believing that God will make those issues of depression seem unimportant.

Christian counselor is wonderful, they help us see things we could not see before. A clinical counselor also is wonderful, many times we learn things that can cause depression and they can help unlearn things that might be a hinder for happiness. We cannot exclude the word because the recipes it gives are unique and are useful for life and survival for a prosperous successful life.

A psychiatrist is so helpful when it comes to deal with clinical depression because there the person has a physical condition which must be seen by the specialist doctor. And even many times is not even physical so a psychologist or Christian counselor or just a license counselor is helpful.

Unfortunately, we have seemed certain Christians do not approve of clinical session for depression, but we must draw a line and know that certain depression needs that extra help. Certain depression is treated with medication and counseling and that is wonderful. God has created many ways to help a person's wellbeing.

When a person relates to God, great precious miracles can happen. We know that faith can do powerful miracles when you believe in God. God can cure any disease disorder and even depression. Sometimes our culture or upbringing feed us bad information about certain diseases, like in this case depression. Even some churches might think that a person with depression is possess or is sick, but we know that we all have gone through deep sadness or depression at some point. We must change the way we see depression and many others sickness. We all know God can do miracles with faith but also God has created doctors and others service people to help us.

The important point is which service would you prefer. I would say that millions of people today suffer from depression and even people from or own churches, temples, synagogues but it is a matter of acknowledging it and work on it. There are things we cannot hide that is the reason Jesus said to come to him those that were overwhelmed.

We see that even in the Bible several people suffered from some form of depression. Some of the people were Elijah, Jeremiah, King David, and Apostle Paul who felt lonely and frustrated. In Amos in the Bible, we see Moses, the man chosen by God to guide to take the people of Israel out of Egypt. Moses also experienced depression and he believed in God.

Moses felt alone and exhausted that he wanted to let go of everything. But he went to the source of life and went to speak to God, there God gave him new strength, peace, and wisdom to keep going with his mission.

I my opinion Moses had a therapeutic protest with God, he spoke openly with God. He was sincere and humble open towards his emotions with God. Here, we can see the discharge that was oppressing him left when he spoke God. Therefore, we can conclude that when we speak to God, we will feel better.

Another typical symptom of depression is symptoms of distorted thoughts. This usually happens when feeling of perceiving the reality is distorted. We can see that usually negative thoughts are characteristic of depression. Moses was confused, frustrated with the mission God had given him and felt depressed. Moses thought God had abandoned him and doubt himself. Many times, we feel have failed, when we are overwhelmed with so many things in our minds. When we feel as failures, then comes depression, especially if we are constantly negative, those feelings usually change to depression.

If we go to the spiritual, there we find that the cure for

depression is a relationship with Jesus. Depression is not a sin as some people think. Depression is just symptoms that comes out when you are overwhelmed or the result of negative things that had happen to you.

Depression can be an influence of bad things around you. Also, depression can get activated depending on how you respond to it, and that can be sin. Having emotions is not a sin, but what we do with that is what really counts. Many people go through depression, confusion, or doubts, and that does not make us sinners, the word says we have been made free with Christ Jesus.

Meantime we must hold on to the armor of God, which is the Word, so we can overcome obstacles of the mind, like depression or confusion.

In spiritual or the physical depression there is a root of the problems and that is where the word of God comes so handy.

Have you ever tried to accomplish some things and that has brough you some confusion, depression or had a feeling of fainting? We might go through a lot, but the word says, we are more than conquerors in Jesus Christ. The Word tells us not conform to this world, do not conform to the pattern of this world, but be transformed by the renewing of your mind. Then you will be able to test and approve what God's will is-his good, pleasing, and perfect will (Romans 12:2 NIV).

God has set us free, let us not think we are sinning if we get depress or sad. We must understand that not all depressions are a cause of sin, but that we have to find the root of the problem, we cannot let sadness, depression take hold of our minds or allow it to go to the heart.

Let us remember that too much stress or business can cause an unbalance which can become depression. Therefore, let us balance with secular work, home, or church to prevent overwhelmed or depression.

You must rest, take care of your mind and body. We are the temple of God and that means your whole body. God form our bodies; therefore, we must take care of it. We must never forget the role our bodies and emotions play in this world. We must let go of all frustration; depression leave it in God's hands.

The great prophets had many conversations with God, and we must also let God know how we feel. A wonderful communication with God helps with frustrations, depression pains of all source. Negative emotions bring problems to your health and we know God said, he in control. We must believe the promises.

In his presence every problem, trauma, depression, out-of-control emotions becomes insignificant, it becomes so small. God gave us the spiritual weapons to overcome in the name of Jesus. He said would be with us to the end and that is the reason He left us the comforter, The Holy Spirit.

The best antidepressant is to be in God's presence, let us allow Him to love us. We must stop feeling self-pity. When we focused on helping others and can see problems smaller. We cannot fight depression alone. We cannot hide as Elijah did, but we must be courageous and know we are not alone.

We are hard pressed on every side, but not crushed; perplexed, but not in despair; persecuted, but not abandoned; struck down, but not destroyed (2Corinthians 4:8-9 NIV).

It is important to explain the depression of the Bible's point of view, depression is a spiritual problem but has visible or physical results. The purpose of a person's heart are deep waters, but one who has insight draws them out (Prov. 20:5 NIV). The human spirit is the lamp of the Lord that sheds light on one is inmost being (Prov. 20:27 NIV)

I must mention that one of the most common forms of depression is when a Christian person loses faith in God. It feels like something collapses within and gives birth to attitudes. Also, many times we feel defeated.

The word works then memorizing Bible verses can help with sadness or depression. Let us remember the good things God has already promised.

Recognizing where we come from and who we are in Christ, like chosen children of God with a royal priesthood, ambassadors of Christ will help us go through life knowing we are not alone. In Christ we have won every depression and every problem in life.

Jealousy

NIV). Resentment kills a fool, and envy slays the simple (Job 5:2 NIV). Do not let your heart envy sinners, but always be zealous for the fear of the Lord. There is surely a future hope for you, and your hope will not be cut off (Proverbs 23:17-18 NIV).

But if you harbor bitter envy and selfish ambition in your hearts, do not boast about it or deny the truth. Such "wisdom" does not come down from heaven but is earthly, unspiritual, demonic. For where you have envy and selfish ambition, there you find disorder and every evil practice (James 3:14-16 NIV).

When we let God love us, then we feel free to love others

and then we are no longer jealous because in God, we are complete. The grace of God takes us from victory to victory.

Sorrows

Deep sorrows are deep scars cause by bit issues of life. There are wounds that do not heal easily but with Jesus Christ everything is possible. We must allow The Holy Spirit to heal our wounds.

It is possible to come out of sorrow with God and our desire to relearn good new habits and letting go of erroneous programming learned by wrong way of rising. It is not good to feel sorry for yourself or walk sad at all the time. You must recognize that certain attitudes are not normal and allow God to help you. Jesus Christ can transform us and give us a mind.

Jesus made us new when we accepted him as only God and Savior. The Prayer and the Word will help us know that we are alone and that we are children of God. Jesus Christ payed on the cross for all our sins in this world and gave us a new life which we must grasped and believe.

Anxiety

Do not be anxious about anything but in every situation, by prayer and petition, with thanksgiving, present your requests to God. And the peace of God, which transcends all understanding, will guard your hearts and your minds in Christ Jesus (Philippians 4:6-7 NIV).

Have you ever seemed certain people walk in about

with fears? Did you know when people have fears, it will be an obstacle for making good decision? When there is fear, defeat is near. God has called us to be more then conquerors in Jesus Christ and we must believe that, so we do not fear, and failure do not touch us. Because everything works for good for those that love the Lord.

Even though, some churches might preach guilt to people or even tried to put fear that because of wrong theology. Now the fear of God is a good fear. The word of God has called us to be free indeed. It took me a while to come out full of guilt and fear because of wrong advice or preaching. God love us very much and fear is not part of been a believer. In Jesus, all our sins and forgiven.

Thoughts of fear will bring failure. It is the reason Jesus said to walk in the spirit and discern the spirits. Besides the feeling of failure does not come from God's word because God has already made us more than victors. Our divine counselor is the Holy Spirit who will help the emotions get heal from fear and many other issues. When we connect with The Holy Spirit through prayer, there God will show us how to let go of fear.

Guilt

Therefore, there is now no condemnation for those who are in Christ Jesus, because through Christ Jesus the law of the Spirit who gives life has set you free from the law of sin and death (Romans 8:1-2 NIV). Christ payed for all our sins on the cross. That is why we must forgive others and ourselves so we can live a life freedom from guilt or resentments. A Christ made us free from internal conflicts or emotional issues, we only must believe and let go of guilt or internal conflict because Christ gave us power to overcome.

Let us stop living in that prison of guilt which feeling will make feel overwhelmed. Let us hold on to the Grace of God. Prayers can break guilt when we cling to God's love. We must put the love of Jesus Christ into practice by been a good role model in this society. It is necessary let go of resentment, guilt, or anxieties because that will stop us from seeing the full glory of God. We are free from all guilt because Jesus wash our sins on the cross.

God's Love

We can be sure of Christ's love and we can give unconditional love and the reason is because Love is patient, love is kind. It does not envy, it does not boast, it is not proud. It does not dishonor others, it does not self-seeking, it is not easily angered, it keeps no record of wrongs (1 Corinthians 13:4-5 NIV). In Jesus Christ eyes, we are perfect, but the truth is that there is no one perfect in this world. He made us in his image. Jesus Christ took our weaknesses and sins and forgive us and made us brand new creatures.

God understands how we feel, it is the reason why Jesus left us the Holy Ghost to guide and comfort us. Jesus's love can help us transforms others. His love endures forever. God's love is more than enough to help us with all the things that has happened to us.

We have the power to love because God loves us first. God's love breaks chains of not having love, bitterness, division, diseases, poverty, hatred, and much more. It is with the love of God that we can feel the pain of others and be able to pray through and see miracles happening. The Spirit of God helps us in our weakness when we believe. In the same way, the Spirit helps us in our weakness. We do not know what we ought to pray for, but the Spirit himself intercedes for us through wordless groans (Romans 8:26 NIV).

Envy

They have become filled with every kind of wickedness, evil, greed and depravity. They are full of envy, murder, strife, deceit, and malice. They are gossips (Romans 1:29 NIV). We can see many examples of envy in the Bible. King David was envy of someone else's wife, even though he knew she was married, he wanted that woman.

Have you ever seemed someone having a new car and then the other person wants the same car? The truth is that we must be grateful for what we have. Envy is a sin according to the big book. We can see that God does not like envy.

For where you have envy and selfish ambition, there you find disorder and every evil practice (James 3:16 NIV). We must recognize our weaknesses and see if envy is in our hearts. We must be transformed by the word of Jesus Christ.

The word says, truth should set us free. Envy begins when we think something is not fair, when we think why she and not me. We cannot allow thoughts of envy governed us; all thoughts must be put under the feet of Jesus.

Good stewardship with money

Do not think the money you have is yours, it all belongs to God. God gave you the strength to obtain it, so you must be a good administrator of what God has given to you. You may say to yourself; my power and the strength of my hands have produced this wealth for me. But remember the Lord your God, for it is he who gives you the ability to produce wealth, and so confirms his covenant, which he swore to your ancestors, as it is today (Deuteronomy 8:17-18 NIV).

We have seemed for many generations that money is the root of all kinds of evils because there is no good stewardship and bad ambitions. By coveting the wrong things many people of the faith have strayed others. Many times, thinking about having more and more only leads to greediness. Envy just leads you to feel empty because you will never fill complete because the one that truly complete us is Jesus Christ.

Solomon said in the big book that all things are temporary or vanity of vanities. Having a balanced life brings happiness, let us no envy others but let us focus on our goals in the purpose that God has already set for us that everything else will follow.

I am trying to say that if we are good stewards of what God gives us, then we can have more as result, we do not have to envy anyone.

God promised to bless us, and He will do it if we follow His Word and obey it. It is important to remember that we must give God what is of God and that includes tithing, and the reason is that God promised that we will lack in anything.

God's Time

There is a time for everything, and a season for every activity under the heavens: a time to be born and a time to die a time to plant and a time uproot (Ecclesiastes 3:1-2 NIV). God always arrives on time, therefor we cannot despair God has everything in control. God's time is always right. One example of timing is Christmas where a child is born and come to give us eternal life. Everything God do ha a purpose and a reason that is completely on time for people in life. We can rely on God's wisdom because he knows the future and what is best for all of us. God is faithful therefore you time will come when the blessings arrives. Our job is to believe that everything works for good because God's timing is perfect. Why do we have to wait for God's timing? Because he made you and knows what is best for you and me. And only he will get the glory when we know he helps us through tuff times.

Unity of the body of Jesus Christ

For all of us to be one, we must obtain perfection in the unity of Jesus Christ, then the world can see we are truly Christians. We can see the goodness of Jesus when he gave himself up in the cross for you and me. He went with humble attitude; the word says went without saying a word.

Already Christ gave us what we need to overcome division and to be a united body of Christ, through the love he gave us. We must be one body in our church, in the community, and with our homes. Paul insisted that there should be no division in the body of Christ. For we were all baptized by one Spirit to form one body-whether Jews or

Gentiles, slave or free- and we were all given the one Spirit to drink (1 Corinthians 12:13 NIV).

Unity can be obtained with the power of the Holy Spirit. When the body is sustained by the same Spirit, then there is unity in a church and of course we can see miracles and wonders. The Holy Spirit comes to you when you accept Christ as only God and Savior, but you must ask, and it should be given. Now it is up to you to allow that the Spirit of God stays active in your life.

The unity of the body of Christ comes when we desire to be in unity not only with the body of Christ but with the Spirit of God through communication in prayer and the reading of the word. When Christ was baptized, the Holy Spirit came to him as a dove and was upon him. We must be filled with the Holy Spirit.

Positive attitude

34 Therefore do not worry about tomorrow, for tomorrow will worry about itself. Each day has enough trouble of its won (Matthew 6:34 NIV). As long you did your best, do not worry, God is in control. We must walk with a positive attitude because we are the light and the salt of this earth. We are ambassadors chosen generation of the kingdom of God.

We represent Jesus Christ, let us encourage others so they may believe that we are not alone, Jesus Christ live. We cannot walk with a negative attitude because we are not destroying, we got power of Christ. We are soldiers of Jesus, we are a chosen nation, who supposed to be positive. The issues of life cannot be our worry become we are more than conquerors in Christ. The concerns of life are won in the knees.

In this life we will have afflictions or problems, let us remember that Jesus has already overcome on the cross. Christ told us that He would not leave us alone, that we would overcome with the mighty Holy Spirit who is our counselor and our guidance. We must set our focus on the cross, the sacrifice Jesus made.

Focused on the goal that God has already entrusted to us. Jesus left us The Holy Spirit to be our comforter, our guidance in this world so our burden become lighter. When we believe in the Word then we are more than victors in Christ Jesus. Let us continue be positive knowing that we are worthy of the call. He who call us will fulfill the requirements we must complete and one day He call us faithful servant. No matter the problems, we cannot let anxiety take control of us. Let us continue believe and put all burden on Jesus hands. Let us stay positive that sun will rise again tomorrow.

Let us remember that problems develop character in our lives. That is how we know who a real Christian is. The Bible has several scenarios where there were scare and negative like Moses. He went to pray and came out strong and was able and ready to withstand the issues he was going through. Moses was able to continue with what God had commanded him, which was to bring the Israelites to the edge of the promised land. Problems will come, but remember Jesus Christ already overcame death on the cross.

The root of the problem

The first thing that is necessary to do is to be able to accept that we are not perfect that will help us to be humble enough and recognize any problem. Everything has a solution when you are in God's hands. We must put the right perspective in our mind, so the problem is change into a learning situation.

If we accept the situation and seek the root of the problem, then we can attack it with the Word and we will find solution and it will get healed.

When we see the root of the problem, we accept it, confess it meaning ask God for forgiveness and refuse to have it and with the power of God it will get heal. We also focus on The Word and in prayer to get healed. There we can say recovery is on its way.

An example, when the prodigal son asks for his fortune and spend it all, later came back to the father after recognizing that he had a better life at his father's house. He saw the root of the problems which was that he was a fool by spending all and leaving the father's house. He acknowledged it that was his fault for spending everything, he his father for forgiveness. Then his father told him to come back and had a party for him. We see that he had a total recovery after recognizing the root of the problem.

To attack the root of the problem, we must connect with Christ, He will guide us to what needs to be changed.

The truth is that Christians needs to have discipline with the Word of God and practice it daily. The word will help you come out with victory in any problem you might be going through. In with Jesus Christ we are more than victorious. We must continue to trust God and with faith, we know that what he said will be accomplished.

Conceited, arrogance or too independent

When we come to Christ, we must adopt God's nature and that is in the word. We must let God guide us and transform us from glory to glory. We can no longer be self-sufficient that is a foolishness because with God everything gets liter. Conceited or too self-independent is like someone you might have heard; I do not need anyone, or I can do it alone.

Well that is being self-sufficient which is wonderful to a point too much will be conceited or arrogant and God do not like that. We must have a balance for everything, have you heard that too much of everything is not good. When we are arrogant or conceited it does not give God room to work on us. The issues of self-reliance, conceitedness or arrogance are gained on the knees.

Let us remember that there is no one who has not sin, it is the reason we come to Jesus for forgiveness and he makes us new again. But if we believe ourselves super self-sufficient and arrogant, then we must recognize him and give it to Christ.

God is good all the time and is constantly doing new things in us.

Admitting our faults and seeing the root of a problems or weakness does not mean that you are we defeated or that we are weak. On the contrary, admitting we really need help, it makes us stronger and we have more power with Jesus where we can defeat the enemy we do not see. The Word say, say the weak, I am strong.

It all begins when we accept Jesus Christ as the only God and Savior. A new life begins, one of the things we must do is to forgive those who offended us and forgive ourselves for all have sin. That is how we stop being slaves to ourselves or others.

When we decide to forgive, burden or issue will be cleansed by Jesus Christ. We can be happy because Jesus made our lives new, now we can refuse to be self-sufficient, conceited, or arrogant. Everything has been made new and forgiven. Sins are thrown into the sea. We cannot let our characters self-reliance, arrogance, or anything else take root because it would be like cursing ourselves.

We know that negative talk or bad habits will bring bad result and that is like cursing yourself because other people can copy our bad habits. We must cut with all sinful nature because Jesus has already overcome all sins on the cross.

Superficial or Vanity

The outside of man is not everything. First, believing you are better than others do not come from God. We cannot be artificial because it would be the opposite of what God requires us to be. Do nothing out of selfish ambition or vain conceit. Rather, in humility value others above yourselves, not looking to your own interest but each of you to the interest of the others (Philippians 2:3-4 NIV).We have to give good testimony of Christ so others come to the feet of Christ. We must have patience and give the love of Christ to all. Let us remember the fruits of the spirit in (Galatians 5:22,23 NIV but the fruit of the Spirit is love, joy, peace, forbearance, kindness, goodness, faithfulness, gentleness, and self-control. Against such things there is no law).

We can see the good principles Jesus had and we must desire to learn them, but those things of the world will die. As Christians, we must be humble because Christ was humble when He was on this earth. "just as the Son of Man did not come to be served, but to serve, and to give his life as a ransom for many" Mathew 20:28 NIV. To be artificial or plastic is not fit for Christianity. It is when we are humble that the glory of God shines and flows through us. The Spirit of God is with the humble because he detests the proud.

When we are superficial or artificial or act the way we are not, the Spirit of God gets sad. We must be genuine, transparent because our Jesus is like that. It is the reason when we come to Christ, we must leave the old bad nature behind. There as new believers we must adopt the new garment which is the one of Jesus Christ.

We must let the Word shape because the Word says that we are in this world, but we are not from this world. We are foreigners, strangers on this earth and we must represent God. We are royal priesthood, holy nation, chosen people. Then we must not feel bad to adopt other habits, a new nature because is for the glory of Jesus Christ. We must be the salt of the earth so that many people may come to the knowledge of Jesus and many people may be saved and be a blessing in our societies.

In conclusion

"I can do all this through him who gives me strength" (Philippians 4:13 NIV).I believe that with Jesus we have the power to change from glory to glory. Customs and habits are learned; therefore, we cannot allow bad habits influence us. We can adapt wonderful new habits with the power of God. Even though, many times we feel that we do not have anything to give others or that we feel overwhelmed because of issues of life, let us remember God has given us the spiritual weapons to overcome any situation. When we are a blessing to others then God fills us with more spiritual gifts to impart to others. We must give by grace that by which by grace has been given.

When we help others, it helps us change our spiritual lives. It is possible to change our attitudes, temperaments or bad habits with positive words that comes from the word of God. The word of God is a wonderful recipe for a successful life. Let us remember that we are children of God, royal priesthood, chosen lineage. We are god's representative in this earth. Therefore, we must be excellent representatives of God.

The mistakes of life, things that had happened to us has to help us move forward because we learn from those things to be better for Jesus Christ, our selves, and others. The issues of life should help us be stronger in Christ. God will never leave us alone therefore, let us look for God's armor which is in the word. It will enable us to fight back in the spiritual way and we be able to attack the enemy that is already defeated. It is with Jesus Christ that we can have a plentiful full life. God wants us to be totally happy, blessed in all ways. Let us be obedient and raise our heads because if God is with us, who can be against us.

The constant searching for God makes a difference. Let us forgive those who hurt us, and God will make us totally free from those oppressors. We must deal with issues of the past, things that someone did because it can be a hinder to our present lives. It is the reason why we must detach ourselves from bad memory of the past because in Christ we have been made free from all bad painful history.

Examples of painful history would be someone in the family having a disease and others having the same disease, those are called generational sickness. It is where you pray and fast so all those things will go away if you ask God. God will show you how. Anger and many other things can a generational thing, but you must pray, and God will tell you. It is important to face the reality of our pains and by accepting them and forgiving those people who did us wrong, we will get fully restored by the power of God.

From the beginning of this book to the end we see that the problems of life can cause wounds that can change our character, like influencing our habits or way we do things. We know that everyone has problems no matter what color or social status, but we know that in God's hands we have hope and a better life.

Our personality, temperament or character can be reformed by the renewal of the mind by the Word of God. At the beginning we talk about resentment and how to attack the root of problem, those were characteristics that usually a person feels when has been hurt. Even though pain can hurt, it can be healed by the power of God. We do not want to pass on to others the pain that was inflicted in us by some unhealthy emotional person.

We know that when we accept Jesus Christ as the only God and Savior, we become new creatures with wonderful promises given by God.

An intimate communion with God, prayer, and reading the Word will help us achieve a complete healthy life. Also, with the help of psychologists and psychiatrists, we can see what things need to be changed. But also, we know that with God's power comes in our lives, everything can be transformed from glory into glory.

God can change pain into dancing. The Word can transform us from the dead, just as it did with Lazarus. The Word of God can cause a person who has been damaged, mistreated, beaten, abused by life to be healed by the power of God. to be transformed, is healed.

Let us make new goals and climb to the mountain of blessings that God has already predestined. We are not alone, and it take just to believe. Every good thing will take time, we must be patient "being confident of this, that he who began a good work in you will carry it on to completion until the day of Christ Jesus" (Philippians 1:6 NIV), says the Word of God. Personally, in my life nothing has been easy, God's love and grace has help so much.

In times of despair, let us remember that prayer has power. In times of sorrow I have been able to see miracles, let us not give up in prayer and believing. Today many things I lost has been restored like family, education, and many other things. God is faithful and what he promises will be.

The truth is any sacrifice we make for God will is not go in vain. Let us constantly remember that Jesus Christ forgives us and loves us. We must accept his love and forgive others. Let us open our hearts to love the impossible, the ones who make war against us. We can be confident that in God's hands everything will be fine God.

Even in secular things, we can trust in God. We cannot

be distracted in what is in vain because when we focus on good things with God it will be done. Let us continue be wise not fullish or disobedient God's word. The word is the recipe for an excellent life here on this earth. God loves us with eternal love, and we must not despise the corrections. There is nothing more powerful than someone who has powerful testimonies in which we can learn.

I never imagined that I could get out of so many frustrations of life. God still changing me from glory to glory. It is an honor for me to serve God. If there is anything you can remember from this reading, remember that God who loves you and that we are more than conquerors in Jesus Christ. We will achieve perfection one day in his glory but till them let us be a good role model of God's word. Let us make him happy in a daily basis. Let us keep on being the light during darkness. Remembering that the one who started the work finished it.

Bibliography

Bibles for America. (2020). What is the human spirit according to the Bible/? Recovered: https://biblesforamerica.org/es/que-dice-la-biblia-acerca-del-espiritu-humano/

Casas D., & Russell, R. (February 20, 2015). Our body is made in the image of God. Books Challenge/ faith Alive. Fuller

Houses, D., & Fuller, R. (2020). The beauty of the Christian personality. Recovered: https://wol.jw.org/es/wol/d/r4/lp-s/1985809

Chapman, G. (2013). 5 Love Languages Military Edition. Chicago, IL: Northfield Publishing.

Explore. (June 2, 2014). The Christian's Self-Esteem. Coalition for the Gospel In. Recovered: https://www.coalicionporelevangelio.org/articulo/el-autoestima-del-cristiano/

BibleGateway. https://www.biblegateway.com/passage/?search=Santiago%201%3A19-20&version=RVR196

Gaytan, E. Familias.com. Your husband is cold and does not show his feelings? Recovered: https://www.familias.com/tu-esposo-es-frio-y-no-muestra-sus-sentimientos-entonces-esto-es-para-ti/

Google:https://www.google.com/search?q=que+es+temperamento&oq=que+es+temperamento+&aqs=chrome..69i57j0l7.24597j1j7&sourceid=chrome&ie=UTF-8

Kubik, V. (January 5, 2018). The good news. The Lie, a Serious Sin. Recovered: https://espanol.ucg.org/las-buenas-noticias/la-mentira-un-pecado-grave

Liceo Campoverde. (2019). The importance of ancestral customs in Human Development. Recovered: https://www.liceocampoverde.edu.ec/la-importancia-las-costumbres-ancestrales-desarrollo-humano/

Lloyd, I., & Sederer, MD. (2013). The Family Guide to Mental Health Care. New York, N.Y.: WW Norton & Company Ltd.

Montero, N.N., Psychology & Mind. (2020). Why are there people who do not know how to express love? Recovered: https://psicologiaymente.com/pareja/personas-no-Why don't you know-express-love

Our Body is Made to the Image of God. (February 20, 2015). Answers from Genesis. Recovered: https://answersingenesis.org/es/biblia/nuestro-cuerpo-esta-hecho-imagen-de-dios/

Which is the soul. The Bible Response. (2020). Recovered: https://www.jw.org/es/ense%C3%B1anzas-b%C3%ADblicas/preguntas/qu%C3%A9-es-el-alma/

Rodriguez, L. R. (2020). Better with Health. Do you have a hard time expressing love to your partner? Recovered: https://mejorconsalud.com/te-cuesta-expresar-amor-pareja/

Sevastian, C. M. J. (2020). Personal Development. 5 Things to Do If You Have Low Self-Esteem. Recovered: https://www.sebascelis.com/5-cosas-que-debes-hacer-si-tienes-baja-autoestima/

Watch Tower Bible & Tract Society of Pennsylvania. (2020). The Importance of Forgiveness. Recovered: https://www.jw.org/es/publicaciones/libros/jesus/ministerio-en-galilea/leccion-sobre-perdonar/

Printed in the United States
By Bookmasters